ABITUR Skript

Mathematik

Gymnasium
Bayern

STARK

ISBN 978-3-86668-863-6

© 2014 by Stark Verlagsgesellschaft mbH & Co. KG
www.stark-verlag.de
1.Auflage 2013

Das Werk und alle seine Bestandteile sind urheberrechtlich geschützt.
Jede vollständige oder teilweise Vervielfältigung, Verbreitung und
Veröffentlichung bedarf der ausdrücklichen Genehmigung des Verlages.

Inhalt

Analysis

1 Elementare Funktionen und ihre Eigenschaften **1**
1.1 Ganzrationale Funktion 1
1.2 Wurzelfunktion 2
1.3 Betragsfunktion 2
1.4 Sinus- und Kosinusfunktion
(trigonometrische Funktionen) 3
1.5 Entwicklung von Funktionen 4
1.6 Vielfachheit von Nullstellen 6
1.7 Symmetrie (bzgl. des Koordinatensystems) 7

2 Gebrochen-rationale Funktionen **8**
2.1 Nullstellen und Polstellen 8
2.2 Grenzwerte und Asymptoten 9

3 Natürliche Exponential- und Logarithmusfunktion **14**
3.1 Eigenschaften und Rechenregeln 14
3.2 Exponentielles Wachstum und exponentieller Zerfall 16

4 Ableitung und Newton-Verfahren **17**
4.1 Die Ableitung 17
4.2 Newton-Verfahren 19

**5 Elemente der Kurvendiskussion,
  Anwendungen der Ableitung** **20**
5.1 Monotonieverhalten, Extrem- und Terrassenpunkte 20
5.2 Krümmungsverhalten, Wendepunkte 23
5.3 Extremwertaufgaben 26
5.4 Umkehrfunktion 28

6 Stammfunktion und unbestimmtes Integral **30**
6.1 Stammfunktion 30
6.2 Unbestimmtes Integral 31

7 Bestimmtes Integral und Flächenberechnung ... 32
7.1 Bestimmtes Integral ... 32
7.2 Flächenberechnung ... 33

8 Integralfunktion ... 36

Geometrie

1 Vektoren ... 38
1.1 Rechnen mit Vektoren ... 38
1.2 Lineare (Un-)Abhängigkeit von Vektoren ... 39
1.3 Skalarprodukt ... 40
1.4 Vektor- bzw. Kreuzprodukt ... 40

2 Geraden und Ebenen ... 42
2.1 Geraden ... 42
2.2 Parameterform einer Ebene ... 44
2.3 Normalenform einer Ebene ... 45
2.4 Umwandlung: Parameterform ↔ Normalenform ... 46

3 Lagebeziehungen zwischen geometrischen Objekten ... 48
3.1 Lage zweier Geraden ... 48
3.2 Lage einer Geraden zu einer Ebene ... 49
3.3 Lage zweier Ebenen ... 50
3.4 Schnittwinkel ... 52

4 Abstände zwischen geometrischen Objekten ... 53
4.1 Abstand zu einer Ebene ... 53
4.2 Abstand eines Punktes zu einer Geraden ... 54
4.3 Abstand zweier windschiefer Geraden ... 56

5 Die Kugel ... 57
5.1 Lage eines Punktes zu einer Kugel ... 57
5.2 Lage einer Ebene zu einer Kugel ... 58
5.3 Lage zweier Kugeln ... 59

Stochastik

1 Ereignisse 60

2 Wahrscheinlichkeitsberechnungen 62
2.1 Der Wahrscheinlichkeitsbegriff 62
2.2 Laplace-Experimente, Laplace-Wahrscheinlichkeit 63
2.3 Baumdiagramme und Vierfeldertafeln 64
2.4 Bedingte Wahrscheinlichkeit und stochastische Unabhängigkeit 66

3 Urnenmodelle 68
3.1 Anzahl der Möglichkeiten 68
3.2 Berechnen von Wahrscheinlichkeiten 69

4 Zufallsgrößen 71
4.1 Zufallsgrößen und ihre Wahrscheinlichkeitsverteilung 71
4.2 Erwartungswert, Varianz und Standardabweichung 72
4.3 Binomialverteilte Zufallsgrößen 74

5 Testen von Hypothesen 77

Stichwortverzeichnis 79

Vorwort

Liebe Schülerin, lieber Schüler,

dieses handliche Buch bietet Ihnen einen Leitfaden zu allen wesentlichen Inhalten, die Sie im Mathematik-Abitur benötigen. Es führt Sie systematisch durch den Abiturstoff der Prüfungsgebiete Analysis, Geometrie und Stochastik und begleitet Sie somit optimal bei Ihrer Abiturvorbereitung. Durch seinen klar strukturierten Aufbau eignet sich dieses Buch besonders zur Auffrischung und Wiederholung des Prüfungsstoffs kurz vor dem Abitur.

- **Definitionen** und **Regeln** sind durch einen grauen Balken am Rand gekennzeichnet, wichtige **Begriffe** sind durch Fettdruck hervorgehoben.
- An relevanten Stellen wird auf die **Merkhilfe**, die Ihnen als Erinnerungsstütze im Abitur dient, verwiesen.
- Zahlreiche **Abbildungen** veranschaulichen den jeweiligen Lerninhalt.
- Passgenaue **Beispiele** verdeutlichen die Theorie. Sie sind durch das Symbol 💡 gekennzeichnet.
- Zu typischen Grundaufgaben wird die **Vorgehensweise** Schritt für Schritt beschrieben.
- Das **Stichwortverzeichnis** führt schnell und treffsicher zum jeweiligen Stoffinhalt.

Viel Erfolg bei der Abiturprüfung!

STARK Verlag

Ausführliche Erläuterungen sowie viele Übungsaufgaben finden Sie in unseren Abitur-Trainingsbänden:
- Abitur-Training Analysis (Bestell-Nr. 9400218)
- Abitur-Training Analytische Geometrie (Bestell-Nr. 940051)
- Abitur-Training Stochastik (Bestell-Nr. 94009)

Die offiziellen Prüfungsaufgaben der letzten Jahre mit vollständigen Lösungen enthält das Buch „Abiturprüfung Bayern, Mathematik" (Bestell-Nr. 95001).

Analysis

1 Elementare Funktionen und ihre Eigenschaften

1.1 Ganzrationale Funktion

Unter einer ganzrationalen Funktion (oder Polynomfunktion) vom Grad n versteht man eine reelle Funktion der Form:
$f: x \mapsto a_n x^n + a_{n-1} x^{n-1} + \ldots + a_1 x + a_0$
mit $n \in \mathbb{N}$, $a_n, a_{n-1}, \ldots, a_1, a_0 \in \mathbb{R}$ und $a_n \neq 0$
Definitionsmenge: $\mathbb{D}_f = \mathbb{R}$

Die Werte $a_n, a_{n-1}, \ldots, a_1, a_0$ heißen **Koeffizienten**.
Die Nullstellen einer ganzrationalen Funktion können der Linearfaktorzerlegung entnommen werden (vgl. auch Abschnitt 1.6).

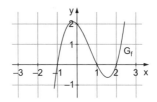

$f(x) = x^3 - 2x^2 - x + 2$
$= (x-2)(x^2 - 1)$
$= (x-2)(x+1)(x-1)$
$\Rightarrow$ Nullstellen bei $x = 2$, $x = -1$ und $x = 1$

Spezialfälle

Lineare Funktion: $f(x) = mx + t$ Parabel: $f(x) = ax^2 + bx + c$
(Grad 1) (Grad 2)

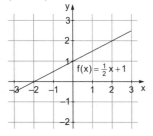
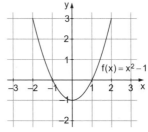

1.2 Wurzelfunktion

Unter der n-ten Wurzelfunktion versteht man eine reelle Funktion der Form:

$f: x \mapsto \sqrt[n]{x} = x^{\frac{1}{n}}$ mit $n \in \mathbb{N}$

Definitionsmenge: $\mathbb{D}_f = \mathbb{R}_0^+$

Wertemenge: $\mathbb{W}_f = \mathbb{R}_0^+$

Eigenschaften
1. Der Graph G_f verläuft für jedes n im I. Quadranten und durch den Punkt $P(1|1)$.
2. Einzige Nullstelle: $x = 0$
3. Je größer n, desto
   - flacher verläuft G_f für $x > 1$.
   - steiler nähert sich G_f dem Koordinatenursprung.

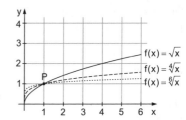

1.3 Betragsfunktion

Unter der Betragsfunktion von $f(x)$ versteht man die Funktion $|f(x)|$.

Definitionsmenge: $\mathbb{D}_{|f|} = \mathbb{D}_f$

Die Wertemenge $\mathbb{W}_{|f|}$ umfasst den Betrag aller Elemente der Wertemenge von $f(x)$.

Der Graph der Betragsfunktion $|f(x)|$ entsteht aus dem Graphen der Funktion $f(x)$, indem alle unterhalb der x-Achse liegenden Teile des Graphen an der x-Achse nach oben gespiegelt werden.

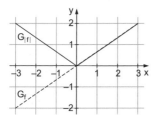
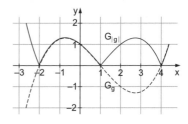

1.4 Sinus- und Kosinusfunktion (trigonometrische Funktionen)

Unter der allgemeinen Sinus- bzw. Kosinusfunktion versteht man eine Funktion der Form:
$f: x \mapsto a \cdot \sin(bx + c) + d$ bzw. $f: x \mapsto a \cdot \cos(bx + c) + d$
mit $a, b, c, d \in \mathbb{R}$ und $a \neq 0$, $b \neq 0$
Definitionsmenge: $\mathbb{D}_f = \mathbb{R}$
Wertemenge: $\mathbb{W}_f = [-a + d; a + d]$ bzw. $\mathbb{W}_f = [a + d; -a + d]$

Bedeutung der Parameter (vgl. auch Abschnitt 1.5)
a: bestimmt die Amplitude ($\hat{=}$ „maximaler Ausschlag nach oben bzw. unten um $|a|$")
b: bestimmt die Periode ($\hat{=}$ „eine Schwingung"), $p = \left|\frac{2\pi}{b}\right|$
c: Verschiebung längs x-Achse (Phasenverschiebung)
d: Verschiebung längs y-Achse

Grundfunktionen sin x und cos x

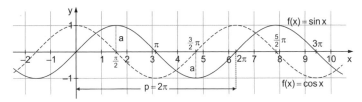

$\mathbb{W}_f = [-1; 1]$; $a = 1$; $p = 2\pi$

Nullstellen
Der Abstand zwischen zwei Nullstellen einer Sinus- bzw. Kosinusfunktion entspricht einer halben Periodenlänge und es gilt:
$\sin x = 0 \Leftrightarrow x = k \cdot \pi;\quad k \in \mathbb{Z}\quad (\ldots, -2\pi, -\pi, 0, \pi, 2\pi, \ldots)$
$\cos x = 0 \Leftrightarrow x = \frac{\pi}{2} + k \cdot \pi;\quad k \in \mathbb{Z}\quad \left(\ldots, -\frac{3}{2}\pi, -\frac{\pi}{2}, \frac{\pi}{2}, \frac{3}{2}\pi, \ldots\right)$

Regeln zum Rechnen mit Sinus und Kosinus können der Merkhilfe entnommen werden.

1.5 Entwicklung von Funktionen

Verschiebung von G_f in y-Richtung

Der Graph der Funktion $f(x)+d$ entsteht aus dem Graphen der Funktion $f(x)$ durch Verschiebung um $|d|$ Längeneinheiten in y-Richtung:
$f(x) \rightarrow f(x)+d$: $d>0 \rightarrow$ Verschiebung nach oben
$\qquad\qquad\qquad\;\; d<0 \rightarrow$ Verschiebung nach unten

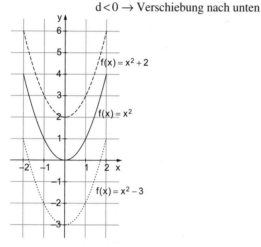

Verschiebung von G_f in x-Richtung

Der Graph der Funktion $f(x+c)$ entsteht aus dem Graphen der Funktion $f(x)$ durch Verschiebung um $|c|$ Längeneinheiten in x-Richtung:
$f(x) \rightarrow f(x+c)$: $c>0 \rightarrow$ Verschiebung nach links
$\qquad\qquad\qquad\;\; c<0 \rightarrow$ Verschiebung nach rechts

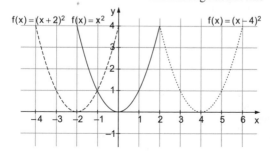

Streckung/Stauchung von G_f in y-Richtung

Der Graph der Funktion $a \cdot f(x)$ entsteht aus dem Graphen der Funktion $f(x)$ durch vertikale Streckung bzw. Stauchung mit dem Faktor $|a|$:

$f(x) \rightarrow a \cdot f(x)$ mit $a > 0$: $\quad a > 1 \rightarrow$ Streckung
$\quad\quad\quad\quad\quad\quad\quad\quad\quad\quad\quad 0 < a < 1 \rightarrow$ Stauchung
$f(x) \rightarrow -a \cdot f(x)$: $\quad\quad\quad\quad$ zusätzliche Spiegelung an der x-Achse

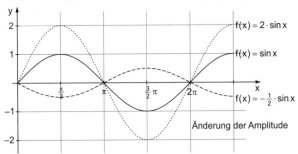

Änderung der Amplitude

Streckung/Stauchung von G_f in x-Richtung

Der Graph der Funktion $f(b \cdot x)$ entsteht aus dem Graphen der Funktion $f(x)$ durch horizontale Streckung bzw. Stauchung mit dem Faktor $|b|$:

$f(x) \rightarrow f(b \cdot x)$ mit $b > 0$: $\quad b > 1 \rightarrow$ Stauchung
$\quad\quad\quad\quad\quad\quad\quad\quad\quad\quad\quad 0 < b < 1 \rightarrow$ Streckung
$f(x) \rightarrow f(-b \cdot x)$: $\quad\quad\quad\quad$ zusätzliche Spiegelung an der y-Achse

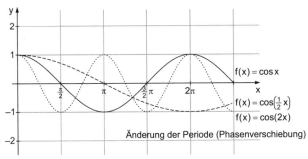

Änderung der Periode (Phasenverschiebung)

Durch Kombination der verschiedenen Änderungen erhält man aus den Grundfunktionen zahlreiche neue Funktionen.

1.6 Vielfachheit von Nullstellen

Nullstellen ungerader Ordnung
- Eine Funktion f(x) hat an der Stelle x_0 eine Nullstelle ungerader Ordnung, wenn der zugehörige Linearfaktor $(x-x_0)$ in der Linearfaktorzerlegung von f(x) eine ungerade Potenz (1, 3, 5, ...) besitzt.
- Der Graph G_f weist bei x_0 einen Vorzeichenwechsel (VZW) auf.

Nullstellen gerader Ordnung
- Eine Funktion f(x) hat an der Stelle x_0 eine Nullstelle gerader Ordnung, wenn der zugehörige Linearfaktor $(x-x_0)$ in der Linearfaktorzerlegung von f(x) eine gerade Potenz (2, 4, 6, ...) besitzt.
- Der Graph G_f weist bei x_0 keinen Vorzeichenwechsel (VZW) auf.

einfache Nullstelle bei $x = 1$

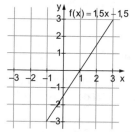

Nullstelle mit VZW;
G_f schneidet die x-Achse.

doppelte Nullstelle bei $x = 1$

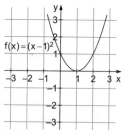

Nullstelle ohne VZW;
G_f berührt die x-Achse.

dreifache Nullstelle bei $x = 0$

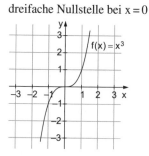

Nullstelle mit VZW;
G_f verläuft durch die x-Achse.

vierfache Nullstelle bei $x = -1$

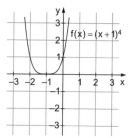

Nullstelle ohne VZW;
G_f berührt die x-Achse.

Nullstellen mit Vielfachheiten der Funktion $f(x) = \frac{x^5}{10}(x+3)^2(x-2)$:
$x = 0$: fünffache Nullstelle (VZW)
$x = -3$: doppelte Nullstelle (kein VZW)
$x = 2$: einfache Nullstelle (VZW)

1.7 Symmetrie (bzgl. des Koordinatensystems)

Der Graph einer reellen Funktion ist
(1) **achsensymmetrisch** (bzgl. der y-Achse), wenn gilt:
    $f(-x) = f(x)$ für alle $x \in \mathbb{D}_f$
(2) **punktsymmetrisch** (bzgl. des Ursprungs), wenn gilt:
    $f(-x) = -f(x)$ für alle $x \in \mathbb{D}_f$

(1) 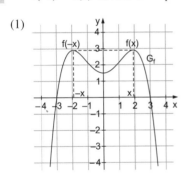 (2)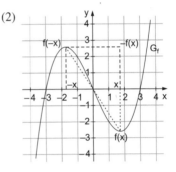

Rechnerisch überprüft man eine Funktion auf Symmetrie, indem man $(-x)$ statt x in den Funktionsterm einsetzt.

 Symmetrieuntersuchung der Funktion $f(x) = -\frac{1}{10}x^2(x^2-9)$:
$f(-x) = -\frac{1}{10}(-x)^2((-x)^2-9) = -\frac{1}{10}x^2(x^2-9) = f(x)$
$\Rightarrow$ G_f ist achsensymmetrisch bzgl. der y-Achse.

Merkregel: Eine ganzrationale Funktion ist
- achsensymmetrisch, wenn die x-Terme nur in geraden Potenzen im Funktionsterm vorkommen.
- punktsymmetrisch, wenn die x-Terme nur in ungeraden Potenzen im Funktionsterm vorkommen und $f(x)$ kein konstantes Glied enthält.

2 Gebrochen-rationale Funktionen

2.1 Nullstellen und Polstellen

Eine gebrochen-rationale Funktion f ist der Quotient zweier ganzrationaler Funktionen u(x) und v(x):

f: $x \mapsto \frac{u(x)}{v(x)}$ mit $\mathbb{D}_f = \mathbb{R} \setminus \{\text{Nullstellen des Nenners v(x)}\}$

Nullstellen des Nenners v(x) sind Definitionslücken und *mögliche* Polstellen der Funktion f.
Nullstellen des Zählers u(x) sind *mögliche* Nullstellen der Funktion f.

Eine **Nullstelle** des Zählers ist nur dann Nullstelle der Funktion f, wenn sie nicht zugleich Nullstelle des Nenners ist.

Eine Definitionslücke x_0 (Nullstelle des Nenners) heißt **Polstelle**, falls
- x_0 keine Nullstelle des Zählers ist oder
- x_0 zugleich Nullstelle des Zählers und die Vielfachheit der Nullstelle im Nenner größer als die Vielfachheit der Nullstelle im Zähler ist.

Andernfalls ist x_0 eine **(be)hebbare Definitionslücke**.
Analog zu Nullstellen betrachtet man Polstellen mit ihrer Vielfachheit.

Geben Sie den Definitionsbereich und die Nullstellen der Funktion f sowie die Art der Definitionslücken an.

1. $f(x) = \frac{x-1}{(x+2)(x-3)^2}$

    $v(x) = (x+2)(x-3)^2 = 0$
    $\Leftrightarrow x = -2$ oder $x = 3$
    $\Rightarrow \mathbb{D}_f = \mathbb{R} \setminus \{-2; 3\}$

    $u(x) = x - 1 = 0$
    $\Leftrightarrow x = 1$

    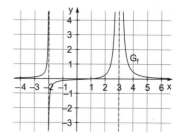

    Die Funktion f besitzt
    - bei $x = 1$ eine einfache Nullstelle,
    - bei $x = -2$ eine einfache Polstelle
    und
    - bei $x = 3$ eine doppelte Polstelle.

2. $f(x) = \dfrac{x^2 - 3x}{2x - 6} = \dfrac{x(x-3)}{2(x-3)}$

$v(x) = 2(x-3) = 0$

$\Leftrightarrow x = 3$

$\Rightarrow \mathbb{D}_f = \mathbb{R} \setminus \{3\}$

$u(x) = x(x-3) = 0$

$\Leftrightarrow x = 0 \text{ oder } x = 3 \, (\notin \mathbb{D}_f)$

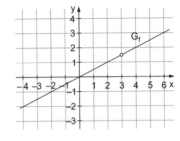

Die Funktion f besitzt
- bei $x = 0$ eine einfache Nullstelle
  und
- bei $x = 3$ eine (be)hebbare Definitionslücke.

Für $x \neq 3$ kann man im Funktionsterm kürzen:

$f(x) = \dfrac{x \,\cancel{(x-3)}}{2 \,\cancel{(x-3)}} = \dfrac{x}{2}$ für $x \neq 3$

2.2 Grenzwerte und Asymptoten

Allgemein unterscheidet man zwei Arten von Grenzwerten:
- Verhalten im Unendlichen

  $\lim\limits_{x \to \pm\infty} f(x)$

- Verhalten in der Nähe einer Definitionslücke, wenn man sich von links ($x \to x_0^-$) bzw. von rechts ($x \to x_0^+$) nähert

  $\lim\limits_{x \to x_0} f(x); \quad x_0 \notin \mathbb{D}_f$

Verhalten in der Nähe einer Polstelle, senkrechte Asymptoten

Ziel dieser Grenzwertbetrachtung ist es, das Verhalten einer Funktion in der Umgebung einer Polstelle zu untersuchen. An einer Polstelle besitzt der Graph der Funktion eine senkrechte Asymptote. Bei der Annäherung an diese Asymptote werden die Funktionswerte beliebig groß bzw. klein. Als Grenzwert ergibt sich hier also $+\infty$ oder $-\infty$.

Bestimmen Sie das Verhalten des Graphen der Funktion $f(x) = \frac{x^2}{2(x-2)}$ in der Nähe der Polstelle.

$v(x) = 2(x-2) = 0 \Leftrightarrow x = 2$
$\Rightarrow \mathbb{D}_f = \mathbb{R} \setminus \{2\}$
$\Rightarrow$ Die Funktion f hat bei $x = 2$ eine einfache Polstelle. Der Graph G_f besitzt dort eine senkrechte Asymptote.

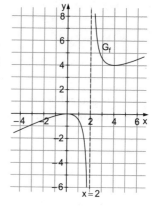

Annäherung von links:
$$\lim_{x \to 2^-} \frac{x^2}{2(x-2)} = „\frac{2^2}{2(2^- - 2)}" = „\frac{4}{0^-}" = -\infty$$

Annäherung von rechts:
$$\lim_{x \to 2^+} \frac{x^2}{2(x-2)} = „\frac{2^2}{2(2^+ - 2)}" = „\frac{4}{0^+}" = +\infty$$

Außerdem hat die Funktion bei $x = 0$ eine doppelte Nullstelle.

Verhalten im Unendlichen, waagrechte Asymptoten

Das Verhalten einer gebrochen-rationalen Funktion im Unendlichen wird untersucht, um festzustellen, ob eine waagrechte Asymptote vorliegt oder nicht. Eine waagrechte Asymptote ist eine zur x-Achse parallele Gerade $y = a$, $a \in \mathbb{R}$, an die sich der Graph einer Funktion beliebig genau annähert, aber diese nie erreicht. Es gilt dann $\lim_{x \to \pm\infty} f(x) = a$.
Es gibt drei verschiedene Fälle, die bei dieser Grenzwertbetrachtung auftreten können. Diese werden bestimmt durch den Grad des Zähler- und Nennerpolynoms, dabei bezeichnet im Folgenden Grad Z die höchste Potenz von x im Zähler (Zählergrad) und Grad N die höchste Potenz von x im Nenner (Nennergrad). In allen drei Fällen wird zur Berechnung des Limes das x mit der höchsten Potenz im Nenner sowohl im Zähler als auch im Nenner ausgeklammert.

1. Fall: Grad Z = Grad N
Entsprechen sich bei einer gebrochen-rationalen Funktion der Zähler- und der Nennergrad, besitzt der Graph der Funktion eine waagrechte Asymptote, die sich aus den Koeffizienten der höchsten Potenz ergibt:

$$f(x) = \frac{a_n x^n + \ldots + a_0}{b_n x^n + \ldots + b_0} \Rightarrow \text{waagrechte Asymptote } y = \frac{a_n}{b_n}$$

$f(x) = \dfrac{2x^3 - 3x}{5x^3 + 2x + 1}$

$$\lim_{x \to \pm\infty} \frac{2x^3 - 3x}{5x^3 + 2x + 1} = \lim_{x \to \pm\infty} \frac{x^3\left(2 - \frac{3}{x^2}\right)}{x^3\left(5 + \frac{2}{x^2} + \frac{1}{x^3}\right)} = \lim_{x \to \pm\infty} \frac{2 - \overbrace{\frac{3}{x^2}}^{\to 0}}{5 + \underbrace{\frac{2}{x^2}}_{\to 0} + \underbrace{\frac{1}{x^3}}_{\to 0}} = \frac{2}{5}$$

$\Rightarrow \quad y = \frac{2}{5}$ ist waagrechte Asymptote.

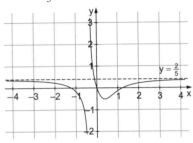

2. Fall: Grad Z < Grad N

Ist bei einer gebrochen-rationalen Funktion der Zählergrad kleiner als der Nennergrad, ist die x-Achse waagrechte Asymptote des Graphen:

$f(x) = \dfrac{a_m x^m + \ldots + a_0}{b_n x^n + \ldots + b_0}$ mit $m < n$ $\Rightarrow$ waagrechte Asymptote $y = 0$

$f(x) = \dfrac{2x^2 - 3x}{5x^3 + 2x + 1}$

$$\lim_{x \to \pm\infty} \frac{2x^2 - 3x}{5x^3 + 2x + 1} = \lim_{x \to \pm\infty} \frac{x^3\left(\frac{2}{x} - \frac{3}{x^2}\right)}{x^3\left(5 + \frac{2}{x^2} + \frac{1}{x^3}\right)} = \lim_{x \to \pm\infty} \frac{\overbrace{\frac{2}{x}}^{\to 0} - \overbrace{\frac{3}{x^2}}^{\to 0}}{5 + \underbrace{\frac{2}{x^2}}_{\to 0} + \underbrace{\frac{1}{x^3}}_{\to 0}} = \frac{0}{5} = 0$$

$\Rightarrow \quad y = 0$ (x-Achse) ist waagrechte Asymptote.

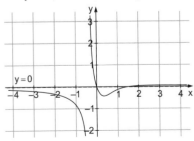

3. Fall: Grad Z > Grad N

Ist bei einer gebrochen-rationalen Funktion der Zählergrad größer als der Nennergrad, besitzt der Graph keine waagrechte Asymptote:

$$f(x) = \frac{a_n x^n + \ldots + a_0}{b_m x^m + \ldots + b_0} \text{ mit } m < n \Rightarrow \text{ keine waagrechte Asymptote}$$

$$f(x) = \frac{2x^4 - 3x}{5x^3 + 2x + 1}$$

$$\lim_{x \to \pm\infty} \frac{2x^4 - 3x}{5x^3 + 2x + 1} = \lim_{x \to \pm\infty} \frac{x^3\left(2x - \frac{3}{x^2}\right)}{x^3\left(5 + \frac{2}{x^2} + \frac{1}{x^3}\right)} = \lim_{x \to \pm\infty} \frac{2x - \frac{3}{x^2}}{5 + \frac{2}{x^2} + \frac{1}{x^3}} = \text{„}\frac{2 \cdot (\pm\infty)}{5}\text{"} = \pm\infty$$

$\Rightarrow$ Es existiert keine waagrechte Asymptote.

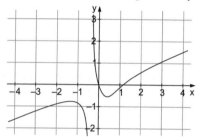

Schräge Asymptoten

Besitzt der Graph einer gebrochen-rationalen Funktion keine waagrechte Asymptote, so kann es dennoch sein, dass sich der Graph im Unendlichen einer beliebigen Geraden $y = mx + t$ annähert. Man spricht in diesem Fall von einer schrägen Asymptote. Dieser Fall tritt ein, wenn der Zählergrad der Funktion genau um 1 größer ist als der Nennergrad, denn dann lässt sich der Funktionsterm auch schreiben als:

$$f(x) = mx + t + \frac{u(x)}{v(x)} \text{ mit Grad } u < \text{Grad } v$$

Aus dieser Darstellung kann die Gleichung der schrägen Asymptote $y = mx + t$ abgelesen werden, denn es gilt:

$$\lim_{x \to \pm\infty} (f(x) - (mx + t)) = 0$$

2 Gebrochen-rationale Funktionen

1. $f(x) = 3x - 4 + \frac{1}{x^2 + 2}$ besitzt die schräge Asymptote $y = 3x - 4$, denn:

$$\lim_{x \to \pm\infty} (f(x) - (3x - 4)) = \lim_{x \to \pm\infty} \frac{1}{x^2 + 2} = 0$$

2. $g(x) = -\frac{x}{x^2 - 1} - x + 1$ besitzt die schräge Asymptote $y = -x + 1$, denn:

$$\lim_{x \to \pm\infty} (g(x) - (-x + 1)) = \lim_{x \to \pm\infty} \left(-\frac{x}{x^2 - 1}\right) = 0$$

3. Skizzieren Sie den Graphen der Funktion $h(x) = x - 1 + \frac{1}{x-1}$.

$h(x) = x - 1 + \frac{1}{x-1} = \frac{(x-1) \cdot (x-1) + 1}{x-1} = \frac{x^2 - 2x + 2}{x-1}$

$v(x) = x - 1 = 0 \Leftrightarrow x = 1 \Rightarrow \mathbb{D}_h = \mathbb{R} \setminus \{1\}$

$u(x) = x^2 - 2x + 2 = 0$ für kein $x \in \mathbb{R}$
(Lösungsformel für quadratische Gleichungen; vgl. Merkhilfe)
$\Rightarrow$ keine Nullstellen

Die Funktion h hat bei $x = 1$ eine einfache Polstelle. Der Graph G_h besitzt dort eine senkrechte Asymptote. Außerdem ist die Gerade $y = x - 1$ schräge Asymptote des Graphen.

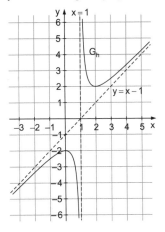

3 Natürliche Exponential- und Logarithmusfunktion

3.1 Eigenschaften und Rechenregeln

Natürliche Exponentialfunktion
- Die natürliche Exponentialfunktion lautet $f: x \mapsto e^x$.
- Definitionsmenge: $\mathbb{D}_f = \mathbb{R}$
  Wertemenge: $\mathbb{W}_f = \mathbb{R}^+$ ($e^x > 0$ für alle $x \in \mathbb{R}$)
- Die e-Funktion hat keine Nullstellen.
- Wichtige Grenzwerte: $\lim\limits_{x \to -\infty} e^x = 0^+$ $\lim\limits_{x \to +\infty} e^x = +\infty$

Natürliche Logarithmusfunktion
- Die natürliche Logarithmusfunktion lautet $f: x \mapsto \ln x$.
- Definitionsmenge: $\mathbb{D}_f = \mathbb{R}^+$
  Wertemenge: $\mathbb{W}_f = \mathbb{R}$
- Die ln-Funktion hat eine Nullstelle bei $x = 1$.
- Wichtige Grenzwerte: $\lim\limits_{x \to 0^+} \ln x = -\infty$ $\lim\limits_{x \to +\infty} \ln x = +\infty$

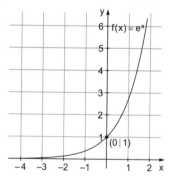
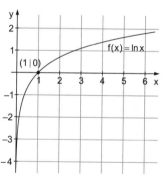

Die natürliche Exponential- und die natürliche Logarithmusfunktion sind Umkehrfunktionen voneinander (vgl. Abschnitt 5.4); es gilt:
$e^{\ln x} = x; \quad \ln e^x = x$
$e^0 = 1; \quad \ln 1 = 0$

Weitere Grenzwerte sowie Rechenregeln für Exponential- und Logarithmusfunktion können der Merkhilfe entnommen werden.

1. Bestimmen Sie die Nullstelle der Funktion $f(x) = (x+1) \cdot e^x$; $x \in \mathbb{R}$.

$$f(x) = 0$$
$$\Leftrightarrow (x+1) \cdot e^x = 0$$
$$\Leftrightarrow x + 1 = 0 \quad \text{da } e^x > 0 \text{ für alle } x \in \mathbb{R}$$
$$\Leftrightarrow x = -1$$

2. Gegeben ist die Funktion $f(x) = \frac{e^x}{1+e^x}$ mit $\mathbb{D}_f = \mathbb{R}$.

Berechnen Sie den Funktionswert an der Stelle $\ln 2$ und bestimmen Sie das Verhalten an den Rändern des Definitionsbereichs.

$$f(\ln 2) = \frac{e^{\ln 2}}{1+e^{\ln 2}} = \frac{2}{1+2} = \frac{2}{3}$$

$$\lim_{x \to +\infty} f(x) = \lim_{x \to +\infty} \frac{e^x}{e^x \left(1+\frac{1}{e^x}\right)} = \lim_{x \to +\infty} \frac{1}{1+\frac{1}{e^x}} = \text{„}\frac{1}{1+0^+}\text{"} = 1$$

$$\lim_{x \to -\infty} f(x) = \lim_{x \to -\infty} \frac{e^x}{e^x+1} = \text{„}\frac{0^+}{0^++1}\text{"} = 0^+$$

3. Bestimmen Sie das Verhalten von $f(x) = \ln\left(\frac{1}{x-1}\right)$ an den Rändern des Definitionsbereichs.

Die ln-Funktion ist nur für positive Argumente definiert:

$$\frac{1}{x-1} > 0 \Leftrightarrow x - 1 > 0 \Leftrightarrow x > 1 \Rightarrow \mathbb{D}_f = \,]1; +\infty[$$

$$\lim_{x \to 1^+} f(x) = \text{„}\ln\left(\frac{1}{1^+-1}\right)\text{"} = \text{„}\ln\left(\frac{1}{0^+}\right)\text{"} = \text{„}\ln(+\infty)\text{"} = +\infty$$

$$\lim_{x \to +\infty} f(x) = \text{„}\ln\left(\frac{1}{+\infty-1}\right)\text{"} = \text{„}\ln\left(\frac{1}{+\infty}\right)\text{"} = \text{„}\ln(0^+)\text{"} = -\infty$$

3.2 Exponentielles Wachstum und exponentieller Zerfall

Exponentielle Wachstumsfunktion: $N(x) = N_0 \cdot e^{+k \cdot x}$
Exponentielle Zerfallsfunktion: $N(x) = N_0 \cdot e^{-k \cdot x}$
Bedeutung der Parameter bzw. Werte:
N_0: Startwert für $x = 0$; $N_0 > 0$
x: Zeit ab einem bestimmten Startpunkt; $x \geq 0$
k: Wachstums- bzw. Zerfallskonstante; $k > 0$
$N(x)$: Wert nach der Zeit x

Eine Tomatenstaude hat zum Zeitpunkt des Auspflanzens eine Höhe von 8 cm. Nach 30 Tagen ist sie schon 14 cm hoch.
Das Wachstum der Staude lässt sich in den ersten zwei Monaten näherungsweise durch eine Exponentialfunktion mit einem Term der Form $N(x) = N_0 \cdot e^{k \cdot x}$ (x in Tagen, N(x) in Zentimetern) beschreiben.
Bestimmen Sie N_0 und k.

Informationen aus dem Text:
$N(0) = 8$, $N(30) = 14$

Berechnung von N_0:
$N(0) = N_0 \cdot e^{k \cdot 0} = N_0 \implies N_0 = 8$

Berechnung von k:
$N(30) = 8 \cdot e^{k \cdot 30}$

$\implies 8 \cdot e^{k \cdot 30} = 14$

$\Leftrightarrow e^{k \cdot 30} = \frac{14}{8} \quad |\ln$

$\Leftrightarrow k \cdot 30 = \ln\left(\frac{14}{8}\right)$

$\Leftrightarrow k = \frac{1}{30} \cdot \ln\left(\frac{14}{8}\right) \approx 0{,}0187$

Die Wachstumsfunktion lautet: $N(x) = 8 \cdot e^{0{,}0187 \cdot x}$

4 Ableitung und Newton-Verfahren

4.1 Die Ableitung

Die Ableitung einer Funktion entspricht in jedem Punkt der Steigung der Tangente an den Graphen der Funktion und wird deshalb als Grenzwert der Sekantensteigung bestimmt.

Der **Differenzenquotient** $\frac{f(x)-f(x_0)}{x-x_0}$ gibt die Steigung einer Sekante durch den Punkt $P(x_0|f(x_0))$ und einen weiteren Punkt des Graphen der Funktion $f(x)$ an.

Der Grenzwert des Differenzenquotienten bei Annäherung der beiden Punkte heißt **Differenzialquotient** und gibt die Steigung der Tangente im Punkt P an den Graphen von $f(x)$ bzw. die Ableitung der Funktion an der Stelle x_0 an:

$f'(x_0) = \lim\limits_{x \to x_0} \frac{f(x)-f(x_0)}{x-x_0}$ (momentane Änderungsrate)

Eine Funktion f heißt ableitbar bzw. differenzierbar an der Stelle x_0, wenn dieser Grenzwert existiert und nicht unendlich ist.

Ableitungen der Grundfunktionen (vgl. Merkhilfe)

Es gilt die **Potenzregel**:
$f(x) = x^r$ mit $r \in \mathbb{R} \;\Rightarrow\; f'(x) = r \cdot x^{r-1}$

 Bestimmen Sie jeweils die Ableitung der Funktion.

1. $f(x) = x^4$
   $f'(x) = 4 \cdot x^{4-1} = 4 \cdot x^3$

2. $g(x) = \sqrt{x} = x^{\frac{1}{2}}$
   $g'(x) = \frac{1}{2} \cdot x^{\frac{1}{2}-1} = \frac{1}{2} \cdot x^{-\frac{1}{2}} = \frac{1}{2\sqrt{x}}$

3. $h(x) = \frac{1}{x} = x^{-1}$
   $h'(x) = (-1) \cdot x^{-1-1} = -x^{-2} = -\frac{1}{x^2}$

Weitere Grundfunktionen:

$f(x) = c$ mit $c \in \mathbb{R}$ $\Rightarrow$ $f'(x) = 0$

$f(x) = \sin x$ $\Rightarrow$ $f'(x) = \cos x$

$f(x) = \cos x$ $\Rightarrow$ $f'(x) = -\sin x$

$f(x) = e^x$ $\Rightarrow$ $f'(x) = e^x$

$f(x) = \ln x$ $\Rightarrow$ $f'(x) = \frac{1}{x}$

Ableitungsregeln (vgl. Merkhilfe)

Zum Ableiten komplexerer Funktionen benötigt man weitere Regeln.

Faktorregel
$f(x) = a \cdot u(x)$ mit $a \in \mathbb{R}$ $\Rightarrow$ $f'(x) = a \cdot u'(x)$

Summenregel
$f(x) = u(x) + v(x)$ $\Rightarrow$ $f'(x) = u'(x) + v'(x)$

Produktregel
$f(x) = u(x) \cdot v(x)$ $\Rightarrow$ $f'(x) = u'(x) \cdot v(x) + u(x) \cdot v'(x)$

Quotientenregel
$f(x) = \frac{u(x)}{v(x)}$ $\Rightarrow$ $f'(x) = \frac{u'(x) \cdot v(x) - u(x) \cdot v'(x)}{(v(x))^2}$

Kettenregel
$f(x) = u(v(x))$ $\Rightarrow$ $f'(x) = u'(v(x)) \cdot v'(x)$

Faktorregel
$f(x) = 5 \cdot \cos x$
$f'(x) = 5 \cdot (-\sin x) = -5 \cdot \sin x$

Summenregel
$f(x) = \ln x + \sqrt{x}$
$f'(x) = \frac{1}{x} + \frac{1}{2\sqrt{x}}$

Produktregel
$f(x) = x \cdot e^x$
$f'(x) = 1 \cdot e^x + x \cdot e^x = e^x(1+x)$

Quotientenregel

$f(x) = \frac{4-x^2}{2x-1}$

$f'(x) = \frac{-2x \cdot (2x-1) - (4-x^2) \cdot 2}{(2x-1)^2} = \frac{-4x^2 + 2x - 8 + 2x^2}{(2x-1)^2} = \frac{-2x^2 + 2x - 8}{(2x-1)^2}$

Kettenregel

$f(x) = \sin(x^2 - 3x)$

$f'(x) = \cos(x^2 - 3x) \cdot (2x - 3)$

4.2 Newton-Verfahren

Mithilfe des Newton-Verfahrens kann man die Nullstelle einer Funktion f näherungsweise bestimmen. Die Iterationsformel dafür lautet:

$x_{n+1} = x_n - \frac{f(x_n)}{f'(x_n)}$ (vgl. Merkhilfe)

Vorgehensweise

Schritt 1: Startwert x_0 in der Nähe der Nullstelle wählen (oft gegeben!)

Schritt 2: 1. Ableitung von f ermitteln

Schritt 3: Iterationsformel anwenden (je nach Vorgabe mehrfach)

$x_1 = x_0 - \frac{f(x_0)}{f'(x_0)}$ usw.

Gegeben ist die Funktion $f(x) = e^{-x} - \frac{1}{5}x$. Ihr Graph G_f ist in der nebenstehenden Abbildung skizziert. Führen Sie den ersten Schritt des Newton-Verfahrens zur näherungsweisen Bestimmung der Nullstelle von f durch.

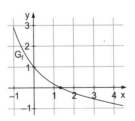

Schritt 1:
z. B. $x_0 = 1$ (aus Abbildung ablesen)

Schritt 2:
$f'(x) = e^{-x} \cdot (-1) - \frac{1}{5} = -e^{-x} - \frac{1}{5}$

Schritt 3:
$x_1 = 1 - \frac{f(1)}{f'(1)} = 1 - \frac{e^{-1} - \frac{1}{5} \cdot 1}{-e^{-1} - \frac{1}{5}} = 1 + \frac{e^{-1} - \frac{1}{5}}{e^{-1} + \frac{1}{5}} \approx 1{,}3$

5 Elemente der Kurvendiskussion, Anwendungen der Ableitung

Mithilfe der Ableitung können Funktionen auf bestimmte Eigenschaften untersucht und Rückschlüsse auf den Verlauf des Funktionsgraphen gezogen werden. Die 1. Ableitung bestimmt dabei die Steigung der Funktion, die 2. Ableitung ihre Krümmung.

5.1 Monotonieverhalten, Extrem- und Terrassenpunkte

Die Monotonie beschreibt das Steigungsverhalten einer Funktion.

Monotoniekriterium (vgl. Merkhilfe)
$f'(x) < 0$ im Intervall I $\Rightarrow$ Der Graph G_f fällt streng monoton in I.
$f'(x) > 0$ im Intervall I $\Rightarrow$ Der Graph G_f steigt streng monoton in I.

Extremstellen und Terrassenstellen sind Stellen (x-Werte), an denen der Graph einer Funktion die Steigung null und damit eine waagrechte Tangente besitzt. Ändert sich an dieser Stelle das Monotonieverhalten (von steigend zu fallend oder umgekehrt), liegt ein Extrempunkt vor, andernfalls ein Terrassenpunkt.

Art von Extremwerten
Ist $f'(x_0) = 0$ und wechselt f' an der Stelle x_0 das Vorzeichen, so hat der Graph G_f an dieser Stelle einen Extrempunkt.
VZW von − nach + : relatives Minimum bei x_0 (Tiefpunkt)
VZW von + nach − : relatives Maximum bei x_0 (Hochpunkt)
kein VZW: Terrassenpunkt

Bemerkung: Ist eine Funktion nur auf einem Teilbereich von $\mathbb{R}$ definiert, kann der maximale bzw. minimale Wert auch am Rand dieses Bereichs angenommen werden (Randextremum). Da dies keine Hoch- bzw. Tiefpunkte im eigentlichen Sinne sind, werden sie nicht durch das obige Kriterium erfasst. Dies muss insbesondere bei Extremwertproblemen berücksichtigt werden.

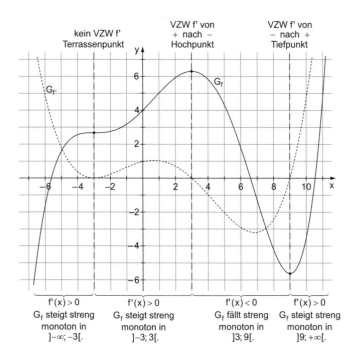

| kein VZW f' Terrassenpunkt | VZW f' von + nach − Hochpunkt | VZW f' von − nach + Tiefpunkt |

| f'(x) > 0 | f'(x) > 0 | f'(x) < 0 | f'(x) > 0 |
| G_f steigt streng monoton in $]-\infty; -3[$. | G_f steigt streng monoton in $]-3; 3[$. | G_f fällt streng monoton in $]3; 9[$. | G_f steigt streng monoton in $]9; +\infty[$. |

Bestimmung des Monotonieverhaltens und der Extrempunkte mithilfe einer Monotonietabelle

Vorgehensweise

Schritt 1: 1. Ableitung von f bestimmen

Schritt 2: Nullstellen der 1. Ableitung berechnen, d. h. Lösen der Gleichung $f'(x) = 0$

Schritt 3: Für jede Nullstelle x_0 der 1. Ableitung überprüfen, ob $f'(x)$ beim Fortschreiten von links nach rechts über die Nullstelle hinweg das Vorzeichen wechselt
− nach +: relatives Minimum bei x_0
+ nach −: relatives Maximum bei x_0
kein VZW: Terrassenpunkt

$f(x) = x - \ln x; \quad \mathbb{D}_f = \mathbb{R}^+$

Schritt 1:

$f'(x) = 1 - \frac{1}{x}$

Schritt 2:

$\quad f'(x) = 0$

$\Leftrightarrow \quad 1 - \frac{1}{x} = 0$

$\Leftrightarrow \quad 1 = \frac{1}{x} \quad | \cdot x$

$\Leftrightarrow \quad x = 1$

Schritt 3:
Monotonietabelle

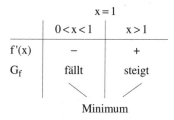

f fällt streng monoton in $]0; 1[$ und steigt streng monoton in $]1; +\infty[$.
$\Rightarrow$ G_f hat den Tiefpunkt $(1 | f(1)) = (1 | 1)$.

Bestimmung der Extrempunkte mithilfe der 2. Ableitung

Alternativ kann die Art der Extrempunkte mithilfe der 2. Ableitung bestimmt werden. Allerdings lässt sich bei diesem Vorgehen kein direkter Rückschluss auf einen Terrassenpunkt ziehen.

Art von Extremwerten *(alternatives Kriterium)*
Ist $f'(x_0) = 0$ und $f''(x_0) > 0$, so hat der Graph G_f an der Stelle x_0 ein relatives Minimum (Tiefpunkt).
Ist $f'(x_0) = 0$ und $f''(x_0) < 0$, so hat der Graph G_f an der Stelle x_0 ein relatives Maximum (Hochpunkt).

Vorgehensweise

Schritt 1: 1. und 2. Ableitung von f bestimmen

Schritt 2: Nullstellen der 1. Ableitung berechnen, d. h. Lösen der Gleichung $f'(x) = 0$

Schritt 3: Für jede Nullstelle x_0 der 1. Ableitung den Funktionswert $f''(x_0)$ berechnen und das Ergebnis auswerten

$f''(x_0) > 0$: relatives Minimum bei x_0
$f''(x_0) < 0$: relatives Maximum bei x_0
$f''(x_0) = 0$: Terrassenpunkt *möglich*

$f(x) = x - \ln x; \quad \mathbb{D}_f = \mathbb{R}^+$

Schritt 1:

$f'(x) = 1 - \frac{1}{x} = 1 - x^{-1}$

$f''(x) = 0 - (-1) \cdot x^{-2} = \frac{1}{x^2}$

Schritt 2:

$f'(x) = 0 \iff 1 - \frac{1}{x} = 0 \iff x = 1$ (vgl. S. 22)

Schritt 3:

$f''(1) = \frac{1}{1^2} = 1 > 0 \implies$ relatives Minimum bei $x = 1$

$\implies$ G_f hat den Tiefpunkt $(1 | f(1)) = (1 | 1)$.

5.2 Krümmungsverhalten, Wendepunkte

Graphenkrümmung (vgl. Merkhilfe)
$f''(x) < 0$ im Intervall I $\implies$ Der Graph G_f ist in I rechtsgekrümmt.
$f''(x) > 0$ im Intervall I $\implies$ Der Graph G_f ist in I linksgekrümmt.

Wendestellen sind Stellen (x-Werte), an denen der Graph einer Funktion seine Krümmung wechselt (von einer Links- in eine Rechtskurve oder umgekehrt).

Wendepunkte (vgl. Merkhilfe)
Ist $f''(x_0) = 0$ und wechselt f'' an der Stelle x_0 das Vorzeichen, so hat der Graph G_f an dieser Stelle einen Wendepunkt.

Ein Terrassenpunkt ist ein Wendepunkt mit waagrechter Tangente (vgl. Abschnitt 5.1).

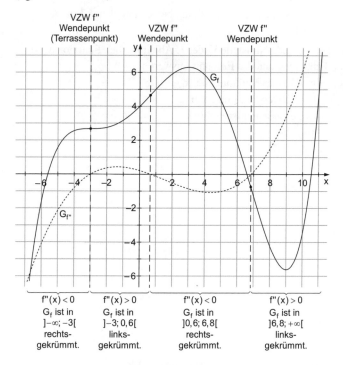

f"(x) < 0	f"(x) > 0	f"(x) < 0	f"(x) > 0
G_f ist in $]-\infty; -3[$ rechtsgekrümmt.	G_f ist in $]-3; 0,6[$ linksgekrümmt.	G_f ist in $]0,6; 6,8[$ rechtsgekrümmt.	G_f ist in $]6,8; +\infty[$ linksgekrümmt.

Bestimmung des Krümmungsverhaltens und der Wendepunkte mithilfe einer Krümmungstabelle

Vorgehensweise

Schritt 1: 1. und 2. Ableitung von f bestimmen

Schritt 2: Nullstellen der 2. Ableitung berechnen, d. h. Lösen der Gleichung $f''(x) = 0$

Schritt 3: Für jede Nullstelle x_0 der 2. Ableitung überprüfen, ob $f''(x)$ beim Fortschreiten von links nach rechts über die Nullstelle hinweg das Vorzeichen wechselt
bei VZW: Wendepunkt
kein VZW: kein Wendepunkt

$f(x) = x \cdot e^x$; $\mathbb{D}_f = \mathbb{R}$

Schritt 1:
$f'(x) = 1 \cdot e^x + x \cdot e^x = e^x(1+x)$
$f''(x) = e^x \cdot (1+x) + e^x \cdot 1 = e^x(2+x)$

Schritt 2:
$ f''(x) = 0$
$\Leftrightarrow\ e^x(2+x) = 0$
$\Leftrightarrow\ 2+x = 0 \qquad$ da $e^x > 0$ für alle $x \in \mathbb{R}$
$\Leftrightarrow\ x = -2$

Schritt 3:
Krümmungstabelle

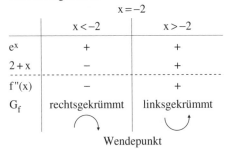

Wendepunkt

G_f ist in $]-\infty;\ -2[$ rechtsgekrümmt und in $]-2;\ +\infty[$ linksgekrümmt.
$\Rightarrow\ G_f$ hat den Wendepunkt $(-2\,|\,f(-2)) = (-2\,|\,-2e^{-2})$.

Bestimmung der Wendepunkte mithilfe der 3. Ableitung

Alternativ kann die Bestimmung der Wendepunkte mithilfe der 3. Ableitung erfolgen. Allerdings lässt sich bei diesem Vorgehen das Krümmungsverhalten nicht angeben.

Wendepunkte *(alternatives Kriterium)*
Ist $f''(x_0) = 0$ und $f'''(x_0) \neq 0$, so hat der Graph G_f an der Stelle x_0 einen Wendepunkt.

Vorgehensweise
Schritt 1: 1., 2. und 3. Ableitung von f bestimmen
Schritt 2: Nullstellen der 2. Ableitung berechnen, d. h. Lösen der Gleichung $f''(x) = 0$
Schritt 3: Für jede Nullstelle x_0 der 2. Ableitung den Funktionswert $f'''(x_0)$ berechnen und das Ergebnis auswerten
$f'''(x_0) \neq 0$: Wendepunkt
$f'''(x_0) = 0$: keine Aussage möglich

 $f(x) = x \cdot e^x$; $D_f = \mathbb{R}$

Schritt 1:
$f'(x) = 1 \cdot e^x + x \cdot e^x = e^x(1+x)$
$f''(x) = e^x \cdot (1+x) + e^x \cdot 1 = e^x(2+x)$
$f'''(x) = e^x \cdot (2+x) + e^x \cdot 1 = e^x(3+x)$

Schritt 2:
$f''(x) = 0 \iff e^x(2+x) = 0 \iff x = -2$ (vgl. S. 25)

Schritt 3:
$f'''(-2) = e^{-2}(3-2) = e^{-2} \neq 0$
$\Rightarrow$ G_f hat den Wendepunkt $(-2 \,|\, f(-2)) = (-2 \,|\, -2e^{-2})$.

5.3 Extremwertaufgaben

Bei Extremwertaufgaben geht es darum, die Voraussetzungen, unter denen eine bestimmte Größe extrem, d. h. maximal oder minimal wird, zu ermitteln. Meist wird zudem die Berechnung dieses größten bzw. kleinsten Werts gefordert.

Vorgehensweise
Schritt 1: Größe, für die ein Extremwert berechnet werden soll, als Funktion in Abhängigkeit der relevanten Variablen aufstellen ($\triangleq$ Zielfunktion)

Schritt 2: Im Aufgabentext nach Nebenbedingungen suchen und Zusammenhänge zwischen den in der Zielfunktion enthaltenen Variablen herstellen, um die Zielfunktion in Abhängigkeit von nur einer Variablen zu erhalten. (Falls die in Schritt 1 aufgestellte Funktion bereits von nur einer Variablen abhängig ist, wird keine Nebenbedingung benötigt und Schritt 2 kann ausgelassen werden.)

Schritt 3: Eine bzgl. der Fragestellung sinnvolle Definitionsmenge für die Zielfunktion festlegen

Schritt 4: Mit den üblichen Mitteln das Maximum bzw. Minimum der Zielfunktion berechnen

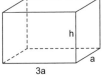

Für den Quader im Bild rechts soll ein Kantenmodell aus Draht gebastelt werden. Dafür steht ein Drahtstück der Länge 84 cm zur Verfügung, das vollständig verbraucht werden soll.
Bestimmen Sie die Maße des Quaders, für die sein Volumen maximal wird, und geben Sie dieses Volumen an.

Schritt 1:
Die Zielfunktion gibt das Volumen des Quaders an:
$V(a, h) = 3a \cdot a \cdot h = 3a^2 h$

Schritt 2:
Als Nebenbedingung beträgt die Summe aller Kantenlängen 84 cm:
$4 \cdot 3a + 4 \cdot a + 4 \cdot h = 84$
$\Leftrightarrow \quad 16a + 4h = 84$
$\Leftrightarrow \quad 4h = 84 - 16a$
$\Leftrightarrow \quad h = 21 - 4a \quad (*)$

Einsetzen in die Zielfunktion:
$V(a) = 3a^2 (21 - 4a) = 63a^2 - 12a^3$

Schritt 3:
Da a und h Längen sind, gilt $a > 0$ und $h > 0$. Aus Letzterem und der Nebenbedingung (*) folgt: $h = 21 - 4a > 0 \Leftrightarrow 21 > 4a \Leftrightarrow a < 5{,}25$
Eine sinnvolle Definitionsmenge für die Zielfunktion V(a) ist also:
$\mathbb{D}_V = \,]0; 5{,}25[$

Schritt 4:
Das Maximum der Zielfunktion ergibt sich wie in Abschnitt 5.1 beschrieben:

$V'(a) = 126a - 36a^2 = 0$
$\Leftrightarrow\ a \cdot (126 - 36a) = 0$
$\Leftrightarrow\ a = 0\ (\notin \mathbb{D}_V)\ \text{oder}\ a = 3{,}5$

$\left. \begin{array}{l} V'(a) > 0\ \text{für}\ 0 < a < 3{,}5 \\ V'(a) < 0\ \text{für}\ a > 3{,}5 \end{array} \right\} \Rightarrow \text{Maximum}$

Für den Wert $a = 3{,}5$ wird das Volumen des Quaders maximal.
Der Quader ist dann 3,5 cm breit, 10,5 cm lang und 7 cm hoch.
Das maximale Volumen beträgt $V(3{,}5) = 257{,}25\ \text{cm}^3$.

5.4 Umkehrfunktion

Bedingung für Umkehrbarkeit
Eine Funktion f ist auf ihrem Definitionsbereich bzw. einem Teilintervall des Definitionsbereichs umkehrbar, wenn sie dort entweder nur streng monoton steigt oder nur streng monoton fällt.

Der Term der Umkehrfunktion f^{-1} einer Funktion f ergibt sich durch Vertauschen der x- und y-Werte, ihr Graph durch Spiegelung des Graphen von f an der Winkelhalbierenden des I. Quadranten.

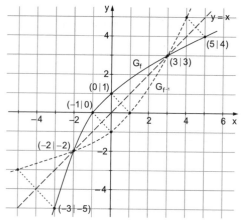

Vorgehensweise zur Berechnung der Umkehrfunktion

Schritt 1: Funktionsterm $y = f(x)$ nach x auflösen

Schritt 2: x und y vertauschen

Schritt 3: Term der Umkehrfunktion $f^{-1}(x)$ mit Definitionsmenge angeben; es gilt: $\mathbb{D}_{f^{-1}} = \mathbb{W}_f$ (und $\mathbb{W}_{f^{-1}} = \mathbb{D}_f$)

Bestimmen Sie die Umkehrfunktion der Funktion $f(x) = \sqrt{x+2}$ mit $\mathbb{D}_f = [-2; \infty[$, $\mathbb{W}_f = \mathbb{R}_0^+$.

Schritt 1:
$$y = \sqrt{x+2}$$
$$\Leftrightarrow \quad y^2 = x + 2$$
$$\Leftrightarrow \quad x = y^2 - 2$$

Schritt 2:
$y = x^2 - 2$

Schritt 3:
$f^{-1}(x) = x^2 - 2$ mit $\mathbb{D}_{f^{-1}} = \mathbb{W}_f = \mathbb{R}_0^+$

6 Stammfunktion und unbestimmtes Integral

6.1 Stammfunktion

Eine Funktion F ist Stammfunktion der Funktion f, wenn gilt:
$F'(x) = f(x)$

1. Bestimmen Sie eine Stammfunktion F von $f(x) = 4x^3 - 2x$.
   $F(x) = x^4 - x^2$, denn $F'(x) = 4x^3 - 2x = f(x)$

2. Die folgende Abbildung zeigt den Graphen G_f der Funktion f.
   Zeichnen Sie den Graphen G_F einer Stammfunktion F von f.

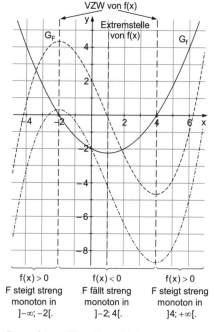

Es bestehen folgende Zusammenhänge:
- Vorzeichen von f
  ⇒ Steigung von F
- Nullstellen von f mit VZW
  ⇒ Extrema von F
- Extremstellen von f
  ⇒ Wendestellen von F

$f(x) > 0$	$f(x) < 0$	$f(x) > 0$
F steigt streng monoton in $]-\infty; -2[$.	F fällt streng monoton in $]-2; 4[$.	F steigt streng monoton in $]4; +\infty[$.

Bemerkung: Eine Verschiebung von G_F nach oben oder unten hat keinen Einfluss auf den Verlauf des Graphen G_f (konstantes Glied fällt beim Ableiten weg). Es sind also unendlich viele Stammfunktionen möglich.

6.2 Unbestimmtes Integral

Das unbestimmte Integral einer Funktion f ist die Menge aller Stammfunktionen dieser Funktion:

$$\int f(x)\,dx = F(x) + C; \quad C \in \mathbb{R}$$

Dabei gilt stets: $F'(x) = f(x)$

Wichtige unbestimmte Integrale (vgl. Merkhilfe)
Elementare Stammfunktionen:

$$\int x^r\,dx = \frac{x^{r+1}}{r+1} + C; \quad r \neq -1 \qquad \int \frac{1}{x}\,dx = \ln|x| + C$$

$$\int \sin x\,dx = -\cos x + C \qquad \int \cos x\,dx = \sin x + C$$

$$\int e^x\,dx = e^x + C \qquad \int \ln x\,dx = -x + x \cdot \ln x + C$$

Integrationsregeln:

(1) $\int \frac{f'(x)}{f(x)}\,dx = \ln|f(x)| + C$ \qquad (logarithmische Integration)

(2) $\int f'(x) \cdot e^{f(x)}\,dx = e^{f(x)} + C$

(3) $\int f(ax+b)\,dx = \frac{1}{a} \cdot F(ax+b) + C$, wobei F Stammfunktion von f ist.
    (lineare Substitution)

1. $\int (5x^3 - 3x + \sin x)\,dx = 5 \cdot \frac{x^4}{4} - 3 \cdot \frac{x^2}{2} + (-\cos x) + C$
   $= \frac{5}{4}x^4 - \frac{3}{2}x^2 - \cos x + C$

2. $\int \frac{2}{2x-7}\,dx = \ln|2x-7| + C$
   Regel (1) mit $f(x) = 2x - 7$ und $f'(x) = 2$

3. $\int \cos(-2x+5)\,dx = \frac{1}{-2} \cdot \sin(-2x+5) + C = -\frac{1}{2}\sin(-2x+5) + C$
   Regel (3) mit $f(x) = \cos x$, $F(x) = \sin x$ und $a = -2$, $b = 5$

7 Bestimmtes Integral und Flächenberechnung

7.1 Bestimmtes Integral

Das bestimmte Integral ist eine Zahl. Sie drückt die **Flächenbilanz** der Flächen aus, die der Graph G_f einer Funktion f im Intervall [a; b] mit der x-Achse einschließt.

$$\int_a^b f(x)\,dx = \left[F(x)\right]_a^b = F(b) - F(a), \text{ wobei F Stammfunktion von f ist.}$$

(vgl. Merkhilfe)

Gilt für die Integrationsgrenzen a < b, dann gehen Flächen oberhalb der x-Achse positiv in die Bilanz ein und Flächen unterhalb der x-Achse negativ:

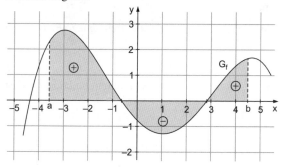

Flächenbilanz

$\oplus > \ominus$: bestimmtes Integral > 0

$\oplus = \ominus$: bestimmtes Integral = 0

$\oplus < \ominus$: bestimmtes Integral < 0

Eigenschaften des bestimmten Integrals

1. $\int_a^a f(x)\,dx = 0$

2. $\int_a^b f(x)\,dx = -\int_b^a f(x)\,dx$

3. $\int_a^b k \cdot f(x)\,dx = k \cdot \int_a^b f(x)\,dx$, wobei $k \in \mathbb{R}$

4. $\int_a^b (f(x) \pm g(x))\,dx = \int_a^b f(x)\,dx \pm \int_a^b g(x)\,dx$

5. $\int_a^b f(x)\,dx = \int_a^c f(x)\,dx + \int_c^b f(x)\,dx$, wobei $a < c < b$

7.2 Flächenberechnung

Berechnung des Flächeninhalts zwischen Graph und x-Achse

Zur Berechnung des Inhalts der vom Graphen der Funktion f und der x-Achse im Intervall [a; b] eingeschlossenen Fläche muss in diesem Bereich über f(x) integriert werden. Dabei müssen die Teilflächen ober- und unterhalb der x-Achse getrennt betrachtet werden.

Vorgehensweise

Schritt 1: Nullstellen $x_1, x_2, \ldots, x_n$ von f im Intervall [a; b] berechnen: $f(x) = 0$ mit $a < x < b$

Schritt 2: Inhalt A der Fläche zwischen G_f und x-Achse $\triangleq$ Summe der Beträge der Einzelintegrale über f(x)

$$A = \left| \int_a^{x_1} f(x)\,dx \right| + \left| \int_{x_1}^{x_2} f(x)\,dx \right| + \ldots + \left| \int_{x_n}^b f(x)\,dx \right|$$

Berechnung des Flächeninhalts zwischen zwei Graphen

Zur Berechnung des Inhalts der von den Graphen zweier Funktionen f und g im Intervall [a; b] eingeschlossenen Fläche muss über die Differenz von f(x) und g(x) integriert werden. Dabei ist es egal, ob die eingeschlossene Fläche ober- bzw. unterhalb der x-Achse liegt, allerdings müssen hier die Teilflächen zwischen den Schnittstellen der beiden Graphen getrennt betrachtet werden.

Vorgehensweise

Schritt 1: Schnittstellen $x_1, x_2, \ldots, x_n$ von G_f und G_g im Intervall [a; b] berechnen: $f(x) = g(x)$ mit $a < x < b$

Schritt 2: Inhalt A der Fläche zwischen G_f und $G_g \triangleq$ Summe der Beträge der Einzelintegrale über die Differenz $f(x) - g(x)$

$$A = \left| \int_a^{x_1} (f(x) - g(x)) \, dx \right| + \left| \int_{x_1}^{x_2} (f(x) - g(x)) \, dx \right| + \ldots$$

$$+ \left| \int_{x_n}^{b} (f(x) - g(x)) \, dx \right|$$

Dabei spielt es keine Rolle, ob der Graph G_f oberhalb des Graphen G_g liegt oder umgekehrt.

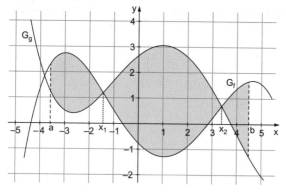

Gegeben sind die Funktionen
f(x) = sin x und g(x) = cos x.
Ihre Graphen G_f und G_g sind
in der nebenstehenden Abbildung skizziert.
Berechnen Sie den Inhalt der
grau getönten Fläche.

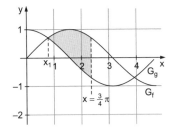

Rechte Integrationsgrenze:
$b = \frac{3}{4}\pi$ (siehe Skizze)

Linke Integrationsgrenze:
Entspricht der Schnittstelle von G_f und G_g im Intervall $\left]0; \frac{3}{4}\pi\right[$.

$$\begin{aligned}f(x) = g(x) &\Leftrightarrow \sin x = \cos x \\ &\Leftrightarrow \frac{\sin x}{\cos x} = 1 \\ &\Leftrightarrow \tan x = 1 \\ &\Leftrightarrow x = \frac{\pi}{4}\end{aligned}$$

(Zur Berechnung Taschenrechner auf RAD stellen!)

Die linke Integrationsgrenze lautet also $a = \frac{\pi}{4}$.

Flächeninhalt:

$$\begin{aligned}A &= \left|\int_{\frac{\pi}{4}}^{\frac{3}{4}\pi}(\sin x - \cos x)\,dx\right| = \left|\left[-\cos x - \sin x\right]_{\frac{\pi}{4}}^{\frac{3}{4}\pi}\right| \\ &= \left|-\cos\left(\tfrac{3}{4}\pi\right) - \sin\left(\tfrac{3}{4}\pi\right) - \left(-\cos\left(\tfrac{\pi}{4}\right) - \sin\left(\tfrac{\pi}{4}\right)\right)\right| \\ &= \left|-\left(-\tfrac{1}{2}\sqrt{2}\right) - \tfrac{1}{2}\sqrt{2} - \left(-\tfrac{1}{2}\sqrt{2} - \tfrac{1}{2}\sqrt{2}\right)\right| \\ &= \left|\tfrac{1}{2}\sqrt{2} - \tfrac{1}{2}\sqrt{2} + \tfrac{1}{2}\sqrt{2} + \tfrac{1}{2}\sqrt{2}\right| \\ &= \sqrt{2} \approx 1{,}41\end{aligned}$$

8 Integralfunktion

Eine Funktion der Form
$$I_a(x) = \int_a^x f(t)\, dt$$
mit einer festen unteren Grenze $a \in \mathbb{D}_f$ und einer variablen oberen Grenze heißt Integralfunktion von f. Es gilt:
$$I_a(x) = \int_a^x f(t)\, dt = F(x) - F(a), \text{ wobei F Stammfunktion von f ist.}$$

Hauptsatz der Differenzial- und Integralrechnung
Jede Integralfunktion $I_a(x)$ von f ist eine (durch a festgelegte) Stammfunktion aus der Menge $\int f(x)\, dx = F(x) + C$ aller Stammfunktionen von f, denn es gilt: $I_a'(x) = F'(x) = f(x)$

Wichtige Eigenschaften
Auch ohne die Integralfunktion integralfrei darzustellen, kann man bereits einige wichtige Eigenschaften angeben.

1. $I_a(x)$ hat mindestens eine Nullstelle, nämlich bei $x = a$:
$$I_a(a) = \int_a^a f(t)\, dt = 0$$

2. $I_a'(x) = f(x) \;\Rightarrow\;$ Nullstellen von $f(x) \triangleq$ Extremstellen oder Terrassenstellen von $I_a(x)$

3. $I_a''(x) = f'(x) \;\Rightarrow\;$ Extremstellen von $f(x) \triangleq$ Wendestellen von $I_a(x)$

Vergleich

$\int f(x)\, dx$: Unbestimmtes Integral; keine Grenzen; eine Menge von Funktionen: $F(x) + C$

$\int_a^x f(t)\, dt$: Integralfunktion; feste untere Grenze a; eine Funktion: $F(x) - F(a)$

$\int_a^b f(x)\, dx$: Bestimmtes Integral; zwei Grenzen a und b; eine Zahl: $F(b) - F(a)$

1. Gegeben ist die Integralfunktion $I_1(x) = \int_1^x (-t+2)\,dt$. Berechnen Sie eine integralfreie Darstellung.

$$I_1(x) = \int_1^x (-t+2)\,dt = \left[-\tfrac{1}{2}t^2 + 2t\right]_1^x$$
$$= -\tfrac{1}{2}x^2 + 2x - \left(-\tfrac{1}{2}\cdot 1^1 + 2\cdot 1\right) = -\tfrac{1}{2}x^2 + 2x - \tfrac{3}{2}$$

2. Die Skizze zeigt den Graphen einer linearen Funktion f.

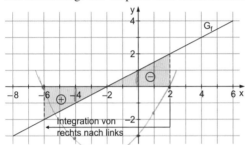

Bestimmen Sie ohne Rechnung alle Nullstellen der Integralfunktion $I_2(x) = \int_2^x f(t)\,dt$.

Erste Nullstelle: $x_1 = 2$ (untere Integrationsgrenze)
Zweite Nullstelle: $x_2 = -6$ (Flächenbilanz von $I_2(x)$ ist an dieser Stelle 0, vgl. Skizze)

Begründung:
$I_2(x) \triangleq$ bestimmtes Integral der Funktion f von 2 bis x
$\triangleq$ Flächenbilanz zwischen G_f und x-Achse im Intervall]2; x[

Integration von $x = 2$ nach rechts: nur positiver Beitrag zur Flächenbilanz $\Rightarrow$ keine weiteren Nullstellen

Integration von $x = 2$ nach links: zuerst negativer Beitrag zur Flächenbilanz bis $x = -2$, ab dann positiver Beitrag
$\Rightarrow$ bei $x = -6$ ist die Flächenbilanz 0
$\Rightarrow$ $x_2 = -6$ zweite Nullstelle
$\Rightarrow$ keine weiteren Nullstellen

Geometrie

1 Vektoren

Ein Vektor $\vec{a}$ ist durch seine Länge und seine Richtung festgelegt und kann anschaulich als Pfeil dargestellt werden.
Einen Vektor, der den Ursprung mit einem Punkt A verbindet, nennt man Ortsvektor; Bezeichnung: $\vec{A}$
Den Pfeil, der die Verschiebung von A nach B angibt, nennt man auch Verbindungsvektor; Bezeichnung: $\vec{AB}$

1.1 Rechnen mit Vektoren

Addition und Subtraktion
Zwei Vektoren $\vec{a}$ und $\vec{b}$ werden addiert bzw. subtrahiert, indem die einzelnen Koordinaten der Vektoren addiert bzw. subtrahiert werden:

$$\vec{a} + \vec{b} = \begin{pmatrix} a_1 \\ a_2 \\ a_3 \end{pmatrix} + \begin{pmatrix} b_1 \\ b_2 \\ b_3 \end{pmatrix} = \begin{pmatrix} a_1 + b_1 \\ a_2 + b_2 \\ a_3 + b_3 \end{pmatrix} \quad \text{bzw.} \quad \vec{a} - \vec{b} = \begin{pmatrix} a_1 \\ a_2 \\ a_3 \end{pmatrix} - \begin{pmatrix} b_1 \\ b_2 \\ b_3 \end{pmatrix} = \begin{pmatrix} a_1 - b_1 \\ a_2 - b_2 \\ a_3 - b_3 \end{pmatrix}$$

Skalare Multiplikation
Ein Vektor $\vec{a}$ wird mit einem Skalar $r \in \mathbb{R}$ multipliziert, indem jede Koordinate von $\vec{a}$ mit r multipliziert wird:

$$r \cdot \vec{a} = r \cdot \begin{pmatrix} a_1 \\ a_2 \\ a_3 \end{pmatrix} = \begin{pmatrix} r \cdot a_1 \\ r \cdot a_2 \\ r \cdot a_3 \end{pmatrix}$$

Spezialfall: $-1 \cdot \vec{a} = -\vec{a}$ Gegenvektor von $\vec{a}$

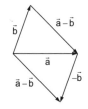

Mithilfe der Vektorrechnung lassen sich die Koordinaten des Mittelpunktes einer Strecke und des Schwerpunktes eines Dreiecks ermitteln.

Mittelpunkt einer Strecke
Für den Ortsvektor des Mittelpunktes M der Strecke [AB] gilt:
$\vec{M} = \frac{1}{2} \cdot (\vec{A} + \vec{B})$ (vgl. Merkhilfe)

Schwerpunkt eines Dreiecks
Für den Ortsvektor des Schwerpunktes S des Dreiecks ABC gilt:
$\vec{S} = \frac{1}{3} \cdot (\vec{A} + \vec{B} + \vec{C})$ (vgl. Merkhilfe)

1.2 Lineare (Un-)Abhängigkeit von Vektoren

Die Vektoren $\vec{a}_1, \ldots, \vec{a}_n$ sind voneinander linear abhängig, wenn sich mindestens einer dieser Vektoren als Linearkombination der anderen schreiben lässt. Andernfalls heißen die Vektoren linear unabhängig.

Zwei Vektoren $\vec{a}$ und $\vec{b}$ sind
- linear abhängig, wenn $\vec{a}$ ein skalares Vielfaches von $\vec{b}$ ist bzw. $\vec{a}$ und $\vec{b}$ parallel sind, d. h.:
  $\vec{a} = k \cdot \vec{b}$ mit $k \in \mathbb{R}$ bzw. $\vec{a} \parallel \vec{b}$
- linear unabhängig, wenn $\vec{a} \neq k \cdot \vec{b}$ mit $k \in \mathbb{R}$ bzw. $\vec{a} \nparallel \vec{b}$.

Drei Vektoren $\vec{a}, \vec{b}$ und $\vec{c}$ sind
- linear abhängig, wenn sie alle in einer Ebene liegen.
- linear unabhängig, wenn sie den Raum $\mathbb{R}^3$ aufspannen.

Schema zur rechnerischen Überprüfung dreier Vektoren auf lineare (Un-)Abhängigkeit:

Prüfe, ob $\vec{a} = k \cdot \vec{b} + \ell \cdot \vec{c}$ für $k, \ell \in \mathbb{R}$

- Ja: $\vec{a}, \vec{b}, \vec{c}$ sind linear abhängig.
- Nein: Prüfe, ob $\vec{b} = r \cdot \vec{c}$ für $r \in \mathbb{R}$
  - Ja: $\vec{a}, \vec{b}, \vec{c}$ sind linear abhängig.
  - Nein: $\vec{a}, \vec{b}, \vec{c}$ sind linear unabhängig.

Bemerkung: Mehr als 3 Vektoren im $\mathbb{R}^3$ sind immer linear abhängig.

1.3 Skalarprodukt

Das Skalarprodukt $\vec{a} \circ \vec{b}$ zweier Vektoren $\vec{a}$ und $\vec{b}$ ist eine Zahl und wird folgendermaßen berechnet:

$$\vec{a} \circ \vec{b} = \begin{pmatrix} a_1 \\ a_2 \\ a_3 \end{pmatrix} \circ \begin{pmatrix} b_1 \\ b_2 \\ b_3 \end{pmatrix} = a_1 b_1 + a_2 b_2 + a_3 b_3 \quad \text{(vgl. Merkhilfe)}$$

Mithilfe des Skalarprodukts lässt sich (vgl. Merkhilfe)
- die Länge (der Betrag) eines Vektors $\vec{a}$ berechnen:

$$|\vec{a}| = \sqrt{\vec{a} \circ \vec{a}} = \sqrt{a_1^2 + a_2^2 + a_3^2}$$

- prüfen, ob zwei Vektoren $\vec{a}$ und $\vec{b}$ senkrecht zueinander sind:

$$\vec{a} \perp \vec{b} \iff \vec{a} \circ \vec{b} = 0 \quad (\vec{a} \neq \vec{o}, \vec{b} \neq \vec{o})$$

- der Winkel γ zwischen zwei Vektoren $\vec{a}$ und $\vec{b}$ berechnen:

$$\cos \gamma = \frac{\vec{a} \circ \vec{b}}{|\vec{a}| \cdot |\vec{b}|} \quad (\vec{a} \neq \vec{o}, \vec{b} \neq \vec{o})$$

$$\vec{a} = \begin{pmatrix} 2 \\ -4 \\ 4 \end{pmatrix}, \quad \vec{b} = \begin{pmatrix} 5 \\ 3 \\ -1 \end{pmatrix}$$

Länge der Vektoren:

$$|\vec{a}| = \sqrt{2^2 + (-4)^2 + 4^2} = \sqrt{36} = 6$$
$$|\vec{b}| = \sqrt{5^2 + 3^2 + (-1)^2} = \sqrt{35}$$

Skalarprodukt:

$$\vec{a} \circ \vec{b} = \begin{pmatrix} 2 \\ -4 \\ 4 \end{pmatrix} \circ \begin{pmatrix} 5 \\ 3 \\ -1 \end{pmatrix} = 2 \cdot 5 + (-4) \cdot 3 + 4 \cdot (-1) = -6 \neq 0 \implies \vec{a} \not\perp \vec{b}$$

Winkel:

$$\cos \gamma = \frac{-6}{6 \cdot \sqrt{35}} = -\frac{1}{\sqrt{35}} \implies \gamma = \cos^{-1}\left(-\frac{1}{\sqrt{35}}\right) \approx 99{,}73°$$

1.4 Vektor- bzw. Kreuzprodukt

Das Vektor- oder Kreuzprodukt $\vec{a} \times \vec{b}$ zweier Vektoren $\vec{a}$ und $\vec{b}$ ist wieder ein Vektor und wird folgendermaßen berechnet:

$$\vec{a} \times \vec{b} = \begin{pmatrix} a_1 \\ a_2 \\ a_3 \end{pmatrix} \times \begin{pmatrix} b_1 \\ b_2 \\ b_3 \end{pmatrix} = \begin{pmatrix} a_2 b_3 - a_3 b_2 \\ a_3 b_1 - a_1 b_3 \\ a_1 b_2 - a_2 b_1 \end{pmatrix} \quad \text{(vgl. Merkhilfe)}$$

Mithilfe des Vektorprodukts lässt sich (vgl. Merkhilfe)
- ein zu zwei Vektoren $\vec{a}$ und $\vec{b}$ senkrecht stehender Vektor $\vec{c}$ ermitteln:
  $\vec{c} = \vec{a} \times \vec{b}$ mit $\vec{c} \perp \vec{a}$ und $\vec{c} \perp \vec{b}$
- der Flächeninhalt eines Parallelogramms
  oder Dreiecks berechnen:

  $A_{Parallelogramm} = |\vec{a} \times \vec{b}|$

  $A_{Dreieck} = \frac{1}{2} \cdot |\vec{a} \times \vec{b}|$

- das Volumen eines Spats oder einer
  dreiseitigen Pyramide berechnen:

  $V_{Spat} = |\vec{a} \circ (\vec{b} \times \vec{c})|$

  $V_{dreiseitige\ Pyramide} = \frac{1}{6} \cdot |\vec{a} \circ (\vec{b} \times \vec{c})|$

Die Reihenfolge der Vektoren spielt
dabei keine Rolle.

$\vec{a} = \begin{pmatrix} 2 \\ -4 \\ 4 \end{pmatrix}$, $\vec{b} = \begin{pmatrix} 5 \\ 3 \\ -1 \end{pmatrix}$

Vektorprodukt:

$\vec{c} = \begin{pmatrix} 2 \\ -4 \\ 4 \end{pmatrix} \times \begin{pmatrix} 5 \\ 3 \\ -1 \end{pmatrix} = \begin{pmatrix} -4 \cdot (-1) - 4 \cdot 3 \\ 4 \cdot 5 - 2 \cdot (-1) \\ 2 \cdot 3 - (-4) \cdot 5 \end{pmatrix} = \begin{pmatrix} -8 \\ 22 \\ 26 \end{pmatrix} \Rightarrow \vec{c} \perp \vec{a}$ und $\vec{c} \perp \vec{b}$

Flächeninhalt:

$A_{Parallelogramm} = |\vec{a} \times \vec{b}| = \sqrt{(-8)^2 + 22^2 + 26^2} = \sqrt{1224} \approx 34{,}99$

$A_{Dreieck} = \frac{1}{2} \cdot |\vec{a} \times \vec{b}| = \frac{1}{2} \cdot \sqrt{1224} \approx 17{,}49$

Volumen des Spats, der von $\vec{a}, \vec{b}$ und $\vec{d} = \begin{pmatrix} -1 \\ 0 \\ 4 \end{pmatrix}$ aufgespannt wird:

$V = |\vec{d} \circ (\vec{a} \times \vec{b})| = \left| \begin{pmatrix} -1 \\ 0 \\ 4 \end{pmatrix} \circ \left[\begin{pmatrix} 2 \\ -4 \\ 4 \end{pmatrix} \times \begin{pmatrix} 5 \\ 3 \\ -1 \end{pmatrix} \right] \right|$

$= \left| \begin{pmatrix} -1 \\ 0 \\ 4 \end{pmatrix} \circ \begin{pmatrix} -8 \\ 22 \\ 26 \end{pmatrix} \right|$

$= |(-1) \cdot (-8) + 0 \cdot 22 + 4 \cdot 26| = 112$

2 Geraden und Ebenen

2.1 Geraden

Eine Gerade kann beschrieben werden durch eine Gleichung der Form:
g: $\vec{X} = \vec{A} + \lambda \cdot \vec{u}$; $\lambda \in \mathbb{R}$ (Parameterform)
Dabei heißt A Aufpunkt und $\vec{u}$ Richtungsvektor der Geraden.

Eine Gerade g wird eindeutig bestimmt durch
- zwei Punkte A und B:
  g: $\vec{X} = \vec{A} + \lambda \cdot \vec{AB}$; $\lambda \in \mathbb{R}$
- einen Punkt A und einen Vektor $\vec{u}$:
  g: $\vec{X} = \vec{A} + \lambda \cdot \vec{u}$; $\lambda \in \mathbb{R}$

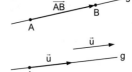

Die Gerade g sei durch die Punkte A(−1|6|2) und B(5|0|5) festgelegt. Untersuchen Sie, ob der Punkt P(11|−6|8) auf der Geraden g liegt.

Aufstellen der Geradengleichung:

g: $\vec{X} = \vec{A} + \lambda \cdot \vec{AB}$; $\lambda \in \mathbb{R}$

g: $\vec{X} = \begin{pmatrix} -1 \\ 6 \\ 2 \end{pmatrix} + \lambda \cdot \left[\begin{pmatrix} 5 \\ 0 \\ 5 \end{pmatrix} - \begin{pmatrix} -1 \\ 6 \\ 2 \end{pmatrix} \right] = \begin{pmatrix} -1 \\ 6 \\ 2 \end{pmatrix} + \lambda \cdot \begin{pmatrix} 6 \\ -6 \\ 3 \end{pmatrix}$; $\lambda \in \mathbb{R}$

Oder mit vereinfachtem Richtungsvektor:

g: $\vec{X} = \begin{pmatrix} -1 \\ 6 \\ 2 \end{pmatrix} + \mu \cdot \begin{pmatrix} 2 \\ -2 \\ 1 \end{pmatrix}$; $\mu \in \mathbb{R}$

Ortsvektor von P in die Gleichung von g einsetzen (Punktprobe):

$\begin{pmatrix} 11 \\ -6 \\ 8 \end{pmatrix} = \begin{pmatrix} -1 \\ 6 \\ 2 \end{pmatrix} + \mu \cdot \begin{pmatrix} 2 \\ -2 \\ 1 \end{pmatrix}$

$\Rightarrow \begin{cases} 11 = -1 + 2\mu & \Leftrightarrow \quad 12 = 2\mu \quad \Rightarrow \mu = 6 \\ -6 = 6 - 2\mu & \Leftrightarrow \quad -12 = -2\mu \quad \Rightarrow \mu = 6 \\ 8 = 2 + \mu & \Rightarrow \quad \mu = 6 \end{cases}$

$\Rightarrow$ P ∈ g (P liegt auf der Geraden g.)

Lage einer Geraden g im Koordinatensystem

Um die Lage einer Geraden im Koordinatensystem zu beschreiben, betrachtet man den Richtungsvektor der Geraden.

Die Gerade g: $\vec{X} = \vec{A} + \lambda \cdot \vec{u}$; $\lambda \in \mathbb{R}$ verläuft

- parallel zur x_1-Achse, wenn die x_2- und die x_3-Koordinate von $\vec{u}$ null sind, d. h., wenn gilt:

$$\vec{u} = a \cdot \begin{pmatrix} 1 \\ 0 \\ 0 \end{pmatrix} \text{ mit } a \in \mathbb{R}$$

- parallel zur x_2-Achse, wenn die x_1- und die x_3-Koordinate von $\vec{u}$ null sind, d. h., wenn gilt:

$$\vec{u} = a \cdot \begin{pmatrix} 0 \\ 1 \\ 0 \end{pmatrix} \text{ mit } a \in \mathbb{R}$$

- parallel zur x_3-Achse, wenn die x_1- und die x_2-Koordinate von $\vec{u}$ null sind, d. h., wenn gilt:

$$\vec{u} = a \cdot \begin{pmatrix} 0 \\ 0 \\ 1 \end{pmatrix} \text{ mit } a \in \mathbb{R}$$

- parallel zur $x_1 x_2$-Ebene, wenn die x_3-Koordinate von $\vec{u}$ null ist.
- parallel zur $x_1 x_3$-Ebene, wenn die x_2-Koordinate von $\vec{u}$ null ist.
- parallel zur $x_2 x_3$-Ebene, wenn die x_1-Koordinate von $\vec{u}$ null ist.

$g_1: \vec{X} = \begin{pmatrix} 4 \\ 1 \\ 3 \end{pmatrix} + \lambda \cdot \begin{pmatrix} 0 \\ 0 \\ -2 \end{pmatrix}$; $\lambda \in \mathbb{R}$

Die x_1- und die x_2-Koordinate von $\vec{u}$ sind null und es gilt:

$\vec{u} = \begin{pmatrix} 0 \\ 0 \\ -2 \end{pmatrix} = -2 \cdot \begin{pmatrix} 0 \\ 0 \\ 1 \end{pmatrix}$

$\Rightarrow \quad g_1 \parallel x_3$-Achse

$g_2: \vec{X} = \begin{pmatrix} 4 \\ 1 \\ 3 \end{pmatrix} + \mu \cdot \begin{pmatrix} 2 \\ 3 \\ 0 \end{pmatrix}$; $\mu \in \mathbb{R}$

Die x_3-Koordinate von $\vec{u} = \begin{pmatrix} 2 \\ 3 \\ 0 \end{pmatrix}$ ist null.

$\Rightarrow \quad g_2 \parallel x_1 x_2$-Ebene

2.2 Parameterform einer Ebene

Eine Ebene kann beschrieben werden durch eine Gleichung der Form
E: $\vec{X} = \vec{A} + \lambda \cdot \vec{u} + \mu \cdot \vec{v}$; $\lambda, \mu \in \mathbb{R}$ (Parameterform),
wobei $\vec{u}$ und $\vec{v}$ nicht parallel, also linear unabhängig sind.
Dabei heißt A Stützpunkt der Ebene und $\vec{u}$ und $\vec{v}$ heißen Spannvektoren der Ebene.

Eine Ebene E wird eindeutig bestimmt durch
- drei Punkte A, B und C:
  E: $\vec{X} = \vec{A} + \lambda \cdot \vec{AB} + \mu \cdot \vec{AC}$; $\lambda, \mu \in \mathbb{R}$

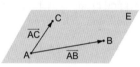

- einen Punkt A und zwei linear unabhängige Vektoren $\vec{u}$ und $\vec{v}$:
  E: $\vec{X} = \vec{A} + \lambda \cdot \vec{u} + \mu \cdot \vec{v}$; $\lambda, \mu \in \mathbb{R}$

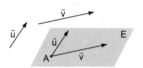

- eine Gerade g: $\vec{X} = \vec{A} + \lambda \cdot \vec{u}$ und einen Punkt B $\notin$ g:
  E: $\vec{X} = \vec{A} + \lambda \cdot \vec{u} + \mu \cdot \vec{AB}$; $\lambda, \mu \in \mathbb{R}$

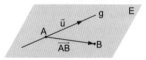

- zwei sich schneidende Geraden
  g: $\vec{X} = \vec{A} + \lambda \cdot \vec{u}$ und h: $\vec{X} = \vec{B} + \mu \cdot \vec{v}$:
  E: $\vec{X} = \vec{A} + \lambda \cdot \vec{u} + \mu \cdot \vec{v}$; $\lambda, \mu \in \mathbb{R}$

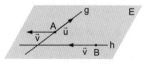

- zwei echt parallele Geraden
  g: $\vec{X} = \vec{A} + \lambda \cdot \vec{u}$ und h: $\vec{X} = \vec{B} + \mu \cdot \vec{v}$:
  E: $\vec{X} = \vec{A} + \lambda \cdot \vec{u} + \mu \cdot \vec{AB}$; $\lambda, \mu \in \mathbb{R}$

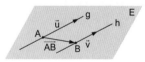

2.3 Normalenform einer Ebene

Ein Vektor $\vec{n}$, der senkrecht auf einer Ebene E steht, heißt **Normalenvektor** der Ebene E. Damit lässt sich die Gleichung der Ebene in der sog. Normalenform schreiben:

E: $\vec{n} \circ (\vec{X} - \vec{A}) = 0$ bzw. E: $n_1 x_1 + n_2 x_2 + n_3 x_3 + n_0 = 0$

mit $\vec{n} = \begin{pmatrix} n_1 \\ n_2 \\ n_3 \end{pmatrix}$ als Normalenvektor von E und einem Punkt A der Ebene.

Die Zahl n_0 in der Normalenform ergibt sich entweder durch Einsetzen der Koordinaten von A in die Gleichung $n_1 x_1 + n_2 x_2 + n_3 x_3 = -n_0$ oder durch Berechnung des Skalarprodukts $-(\vec{n} \circ \vec{A}) = n_0$.

Lage einer Ebene E im Koordinatensystem
Um die Lage einer Ebene im Koordinatensystem zu beschreiben, betrachtet man den Normalenvektor der Ebene. Dazu wandelt man die Ebene gegebenenfalls in Normalenform um.

Die Ebene E: $\vec{n} \circ (\vec{X} - \vec{A}) = 0$ liegt

- parallel zur $x_2 x_3$-Ebene, wenn die x_2- und die x_3-Koordinate von $\vec{n}$ null sind, d. h., wenn gilt:

$\vec{n} = a \cdot \begin{pmatrix} 1 \\ 0 \\ 0 \end{pmatrix}$ mit $a \in \mathbb{R}$

- parallel zur $x_1 x_3$-Ebene, wenn die x_1- und die x_3-Koordinate von $\vec{n}$ null sind, d. h., wenn gilt:

$\vec{n} = a \cdot \begin{pmatrix} 0 \\ 1 \\ 0 \end{pmatrix}$ mit $a \in \mathbb{R}$

- parallel zur $x_1 x_2$-Ebene, wenn die x_1- und die x_2-Koordinate von $\vec{n}$ null sind, d. h., wenn gilt:

$\vec{n} = a \cdot \begin{pmatrix} 0 \\ 0 \\ 1 \end{pmatrix}$ mit $a \in \mathbb{R}$

- parallel zur x_1-Achse, wenn die x_1-Koordinate von $\vec{n}$ null ist.
- parallel zur x_2-Achse, wenn die x_2-Koordinate von $\vec{n}$ null ist.
- parallel zur x_3-Achse, wenn die x_3-Koordinate von $\vec{n}$ null ist.

E_1: $x_2 - 4 = 0$ $\Rightarrow$ $\vec{n}_{E_1} = \begin{pmatrix} 0 \\ 1 \\ 0 \end{pmatrix}$

Die x_1- und die x_3-Koordinate von $\vec{n}_{E_1}$ sind null.

$\Rightarrow$ $E_1 \parallel x_1 x_3$-Ebene

E_2: $2x_2 - 3x_3 + 5 = 0$ $\Rightarrow$ $\vec{n}_{E_2} = \begin{pmatrix} 0 \\ 2 \\ -3 \end{pmatrix}$

Die x_1-Koordinate von $\vec{n}_{E_2}$ ist null.

$\Rightarrow$ $E_2 \parallel x_1$-Achse

2.4 Umwandlung: Parameterform ↔ Normalenform

Parameterform → Normalenform

Schritt 1: Normalenvektor der Ebene mithilfe des Vektorprodukts der Richtungsvektoren ermitteln: $\vec{n} = \vec{u} \times \vec{v}$

Schritt 2: Normalenform der Ebene mithilfe des Aufpunkts A (aus der Parameterform der Ebene) und des Normalenvektors angeben:

E: $\vec{n} \circ (\vec{X} - \vec{A}) = 0$ bzw.   E: $n_1 x_1 + n_2 x_2 + n_3 x_3 + n_0 = 0$

 E: $\vec{X} = \begin{pmatrix} 2 \\ -1 \\ 0 \end{pmatrix} + \lambda \cdot \begin{pmatrix} -3 \\ 1 \\ 0 \end{pmatrix} + \mu \cdot \begin{pmatrix} 0 \\ 0 \\ 1 \end{pmatrix}$; $\lambda, \mu \in \mathbb{R}$

Schritt 1:
$\vec{n} = \begin{pmatrix} -3 \\ 1 \\ 0 \end{pmatrix} \times \begin{pmatrix} 0 \\ 0 \\ 1 \end{pmatrix} = \begin{pmatrix} 1 - 0 \\ 0 - (-3) \\ 0 - 0 \end{pmatrix} = \begin{pmatrix} 1 \\ 3 \\ 0 \end{pmatrix}$

Schritt 2:
E: $\begin{pmatrix} 1 \\ 3 \\ 0 \end{pmatrix} \circ \left[\vec{X} - \begin{pmatrix} 2 \\ -1 \\ 0 \end{pmatrix} \right] = 0$

E: $\begin{pmatrix} 1 \\ 3 \\ 0 \end{pmatrix} \circ \begin{pmatrix} x_1 \\ x_2 \\ x_3 \end{pmatrix} - \begin{pmatrix} 1 \\ 3 \\ 0 \end{pmatrix} \circ \begin{pmatrix} 2 \\ -1 \\ 0 \end{pmatrix} = 0$

E: $1 \cdot x_1 + 3 \cdot x_2 + 0 \cdot x_3 - (1 \cdot 2 + 3 \cdot (-1) + 0 \cdot 0) = 0$

E: $x_1 + 3x_2 + 1 = 0$

Normalenform → Parameterform

Schritt 1: Normalenform nach einer Koordinate auflösen, z. B. x_3

Schritt 2: Die zwei freien Koordinaten mit Parametern besetzen, z. B.:
$x_1 = \lambda$ und $x_2 = \mu$; $\lambda, \mu \in \mathbb{R}$

Schritt 3: Gleichung der Ebene E in Parameterform schreiben:

$$E: \vec{X} = \begin{pmatrix} x_1 \\ x_2 \\ x_3 \end{pmatrix} = \vec{A} + \lambda \cdot \vec{u} + \mu \cdot \vec{v}; \ \lambda, \mu \in \mathbb{R}$$

$E: 7x_1 + 4x_2 - x_3 + 11 = 0$

Schritt 1:
$7x_1 + 4x_2 - x_3 + 11 = 0$
$\Leftrightarrow x_3 = 11 + 7x_1 + 4x_2$

Schritt 2:
$x_1 = \lambda$, $x_2 = \mu$ mit $\lambda, \mu \in \mathbb{R}$
$\Rightarrow x_3 = 11 + 7\lambda + 4\mu$

Schritt 3:

$$E: \vec{X} = \begin{pmatrix} x_1 \\ x_2 \\ x_3 \end{pmatrix} = \begin{pmatrix} \lambda \\ \mu \\ 11 + 7\lambda + 4\mu \end{pmatrix} = \begin{pmatrix} 0 + \lambda + 0 \\ 0 + 0 + \mu \\ 11 + 7\lambda + 4\mu \end{pmatrix}$$

$$= \begin{pmatrix} 0 \\ 0 \\ 11 \end{pmatrix} + \lambda \cdot \begin{pmatrix} 1 \\ 0 \\ 7 \end{pmatrix} + \mu \cdot \begin{pmatrix} 0 \\ 1 \\ 4 \end{pmatrix}; \ \lambda, \mu \in \mathbb{R}$$

3 Lagebeziehungen zwischen geometrischen Objekten

3.1 Lage zweier Geraden

Für die gegenseitige Lage zweier Geraden
g: $\vec{X} = \vec{A} + \lambda \cdot \vec{u}$; $\lambda \in \mathbb{R}$ und h: $\vec{X} = \vec{B} + \mu \cdot \vec{v}$; $\mu \in \mathbb{R}$
gibt es vier verschiedene Möglichkeiten:
- g und h schneiden sich in einem Punkt.
- g und h verlaufen (echt) parallel.
- g und h sind identisch.
- g und h verlaufen windschief zueinander.

Schema zur rechnerischen Untersuchung dieser Lagebeziehungen:

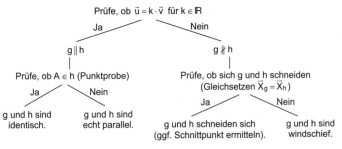

 Untersuchen Sie die Lagebeziehung der beiden Geraden
g: $\vec{X} = \begin{pmatrix} 2 \\ 1 \\ 5 \end{pmatrix} + \lambda \cdot \begin{pmatrix} 1 \\ -2 \\ 1 \end{pmatrix}$; $\lambda \in \mathbb{R}$ und h: $\vec{X} = \begin{pmatrix} -8 \\ 1 \\ 3 \end{pmatrix} + \mu \cdot \begin{pmatrix} 3 \\ 4 \\ -1 \end{pmatrix}$; $\mu \in \mathbb{R}$

und bestimmen Sie gegebenenfalls den Schnittpunkt S.

Schritt 1: Prüfen, ob die beiden Geraden parallel sind, also ob
$\vec{u} = k \cdot \vec{v}$ für ein $k \in \mathbb{R}$

$\begin{pmatrix} 1 \\ -2 \\ 1 \end{pmatrix} = k \cdot \begin{pmatrix} 3 \\ 4 \\ -1 \end{pmatrix} \Rightarrow \left\{ \begin{array}{l} 1 = 3k \Rightarrow k = \frac{1}{3} \\ -2 = 4k \Rightarrow k = -\frac{1}{2} \\ 1 = -k \Rightarrow k = -1 \end{array} \right\}$ Widerspruch

$\Rightarrow$ g ∦ h (g und h sind nicht parallel.)

Schritt 2: Prüfen, ob g und h einen Schnittpunkt besitzen
(allgemeine Ortsvektoren der Geraden gleichsetzen und das resultierende lineare Gleichungssystem auf Lösbarkeit untersuchen)

$$\vec{X}_g = \vec{X}_h \Leftrightarrow \begin{pmatrix} 2 \\ 1 \\ 5 \end{pmatrix} + \lambda \cdot \begin{pmatrix} 1 \\ -2 \\ 1 \end{pmatrix} = \begin{pmatrix} -8 \\ 1 \\ 3 \end{pmatrix} + \mu \cdot \begin{pmatrix} 3 \\ 4 \\ -1 \end{pmatrix}$$

$$\Rightarrow \begin{cases} \text{I} & 2 + \lambda = -8 + 3\mu \Rightarrow \lambda = -10 + 3\mu \quad (*) \\ \text{II} & 1 - 2\lambda = 1 + 4\mu \\ \text{III} & 5 + \lambda = 3 - \mu \end{cases}$$

(*) in III: $\quad 5 - 10 + 3\mu = 3 - \mu \Rightarrow 4\mu = 8 \Rightarrow \mu = 2$

$\mu = 2$ in (*): $\lambda = -10 + 6 = -4$

Beides in II: $1 - 2 \cdot (-4) = 1 + 4 \cdot 2 \Leftrightarrow 9 = 9$ wahre Aussage

$\Rightarrow$ g und h schneiden sich.

Schritt 3: Berechnen der Koordinaten des Schnittpunktes S
Einsetzen von $\lambda = -4$ in die Gleichung von g (oder $\mu = 2$ in h):

$$\vec{S} = \begin{pmatrix} 2 \\ 1 \\ 5 \end{pmatrix} - 4 \cdot \begin{pmatrix} 1 \\ -2 \\ 1 \end{pmatrix} = \begin{pmatrix} -2 \\ 9 \\ 1 \end{pmatrix} \Rightarrow S(-2 \mid 9 \mid 1)$$

3.2 Lage einer Geraden zu einer Ebene

Für die gegenseitige Lage einer Geraden g: $\vec{X} = \vec{A} + \lambda \cdot \vec{u}$; $\lambda \in \mathbb{R}$ und einer Ebene E: $\vec{n} \circ (\vec{X} - \vec{B}) = 0$ gibt es drei verschiedene Möglichkeiten:
- g und E schneiden sich in einem Punkt.
- g und E verlaufen (echt) parallel.
- g liegt (vollständig) in der Ebene E.

Schema zur rechnerischen Untersuchung dieser Lagebeziehungen:

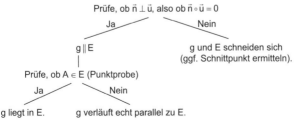

Gegeben sind die Ebene E: $x_1 - 2x_2 - 2 = 0$ sowie die Gerade

g: $\vec{X} = \begin{pmatrix} 2 \\ -4 \\ 2 \end{pmatrix} + \lambda \cdot \begin{pmatrix} 6 \\ 3 \\ -5 \end{pmatrix}$; $\lambda \in \mathbb{R}$.

Untersuchen Sie die Lagebeziehung der Geraden g zur Ebene E und ermitteln Sie gegebenenfalls den Schnittpunkt S.

Schritt 1: Prüfen, ob die Gerade und die Ebene parallel sind, d. h., ob der Normalenvektor von E und der Richtungsvektor von g senkrecht zueinander stehen, also ob $\vec{n} \circ \vec{u} = 0$

$\vec{n} \circ \vec{u} = \begin{pmatrix} 1 \\ -2 \\ 0 \end{pmatrix} \circ \begin{pmatrix} 6 \\ 3 \\ -5 \end{pmatrix} = 6 - 6 + 0 = 0 \quad \Rightarrow \quad g \parallel E$

Schritt 2: Prüfen, ob g und E echt parallel sind oder g in E liegt
Einsetzen der Koordinaten des Aufpunkts von g in die Gleichung von E:
$2 - 2 \cdot (-4) - 2 = 0 \quad \Leftrightarrow \quad 8 = 0$ Widerspruch
$\Rightarrow$ g und E verlaufen echt parallel zueinander.

3.3 Lage zweier Ebenen

Für die gegenseitige Lage zweier Ebenen

E: $\vec{X} = \vec{A} + \lambda \cdot \vec{u} + \mu \cdot \vec{v}$; $\lambda, \mu \in \mathbb{R}$ E: $\vec{n} \circ (\vec{X} - \vec{A}) = 0$
F: $\vec{m} \circ (\vec{X} - \vec{B}) = 0$ *oder*   F: $\vec{m} \circ (\vec{X} - \vec{B}) = 0$

gibt es drei verschiedene Möglichkeiten:
- E und F schneiden sich in einer Geraden.
- E und F verlaufen (echt) parallel.
- E und F sind identisch.

Schema zur rechnerischen Untersuchung dieser Lagebeziehungen:

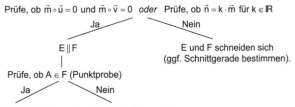

Untersuchen Sie die Lagebeziehung der beiden Ebenen

E: $\vec{X} = \begin{pmatrix} 3 \\ -1 \\ 4 \end{pmatrix} + \lambda \cdot \begin{pmatrix} -1 \\ 4 \\ -1 \end{pmatrix} + \mu \cdot \begin{pmatrix} 1 \\ -2 \\ -5 \end{pmatrix}$; $\lambda, \mu \in \mathbb{R}$ und F: $4x_1 + 3x_2 - x_3 + 1 = 0$

und bestimmen Sie gegebenenfalls die Schnittgerade s.

Schritt 1: Prüfen, ob die beiden Ebenen parallel sind, d. h., ob der Normalenvektor von F senkrecht auf den Richtungsvektoren von E steht, also ob $\vec{m} \circ \vec{u} = 0$ und $\vec{m} \circ \vec{v} = 0$

$\vec{m} \circ \vec{u} = \begin{pmatrix} 4 \\ 3 \\ -1 \end{pmatrix} \circ \begin{pmatrix} -1 \\ 4 \\ -1 \end{pmatrix} = -4 + 12 + 1 = 9 \neq 0$

$\Rightarrow$ E $\nparallel$ F (E und F sind nicht parallel.)

$\Rightarrow$ E und F schneiden sich in einer Geraden.

Schritt 2: Ermitteln der Gleichung der Schnittgeraden s

Einsetzen der einzelnen Koordinaten von E in die Gleichung von F:

E: $\vec{X} = \begin{pmatrix} x_1 \\ x_2 \\ x_3 \end{pmatrix} = \begin{pmatrix} 3 - \lambda + \mu \\ -1 + 4\lambda - 2\mu \\ 4 - \lambda - 5\mu \end{pmatrix}$ in F: $4x_1 + 3x_2 - x_3 + 1 = 0$

$4 \cdot (3 - \lambda + \mu) + 3 \cdot (-1 + 4\lambda - 2\mu) - (4 - \lambda - 5\mu) + 1 = 0$

$12 - 4\lambda + 4\mu - 3 + 12\lambda - 6\mu - 4 + \lambda + 5\mu + 1 = 0$

$6 + 9\lambda + 3\mu = 0$

$3\mu = -6 - 9\lambda$

$\mu = -2 - 3\lambda$

Einsetzen von $\mu = -2 - 3\lambda$ in die Gleichung von E:

s: $\vec{X} = \begin{pmatrix} 3 \\ -1 \\ 4 \end{pmatrix} + \lambda \cdot \begin{pmatrix} -1 \\ 4 \\ -1 \end{pmatrix} + (-2 - 3\lambda) \cdot \begin{pmatrix} 1 \\ -2 \\ -5 \end{pmatrix}$

$= \begin{pmatrix} 3 \\ -1 \\ 4 \end{pmatrix} + \lambda \cdot \begin{pmatrix} -1 \\ 4 \\ -1 \end{pmatrix} + \begin{pmatrix} -2 \\ 4 \\ 10 \end{pmatrix} + \lambda \cdot \begin{pmatrix} -3 \\ 6 \\ 15 \end{pmatrix}$

$= \begin{pmatrix} 1 \\ 3 \\ 14 \end{pmatrix} + \lambda \cdot \begin{pmatrix} -4 \\ 10 \\ 14 \end{pmatrix}$; $\lambda \in \mathbb{R}$

3.4 Schnittwinkel

Ist der Schnittwinkel α zweier geometrischer Objekte gesucht, so ist der spitze Winkel, den diese beiden Objekte einschließen, zu berechnen.

Schnittwinkel zwischen zwei Geraden
Der Schnittwinkel α zweier Geraden entspricht dem spitzen Winkel zwischen ihren Richtungsvektoren $\vec{u}$ und $\vec{v}$:

$$\cos\alpha = \frac{|\vec{u} \circ \vec{v}|}{|\vec{u}| \cdot |\vec{v}|} \quad (0° \leq \alpha \leq 90°)$$

Schnittwinkel zwischen Gerade und Ebene
Der Schnittwinkel α zwischen einer Geraden und einer Ebene entspricht dem Komplementärwinkel des spitzen Winkels zwischen Normalenvektor $\vec{n}$ und Richtungsvektor $\vec{u}$:

$$\cos\varphi = \frac{|\vec{n} \circ \vec{u}|}{|\vec{n}| \cdot |\vec{u}|} \quad \text{und} \quad \alpha = 90° - \varphi$$

oder $\quad \sin\alpha = \frac{|\vec{n} \circ \vec{u}|}{|\vec{n}| \cdot |\vec{u}|}$

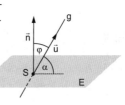

Schnittwinkel zwischen zwei Ebenen
Der Schnittwinkel α zweier Ebenen entspricht dem spitzen Winkel zwischen ihren Normalenvektoren $\vec{n}$ und $\vec{m}$:

$$\cos\alpha = \frac{|\vec{n} \circ \vec{m}|}{|\vec{n}| \cdot |\vec{m}|}$$

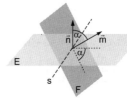

Bestimmen Sie den Schnittwinkel α der Ebene E: $x_1 - 2x_2 - 2 = 0$ mit der Geraden g: $\vec{X} = \begin{pmatrix} 2 \\ -4 \\ 2 \end{pmatrix} + \lambda \cdot \begin{pmatrix} 0 \\ 2 \\ 1 \end{pmatrix};\ \lambda \in \mathbb{R}$.

$$\cos\varphi = \frac{\left|\begin{pmatrix} 1 \\ -2 \\ 0 \end{pmatrix} \circ \begin{pmatrix} 0 \\ 2 \\ 1 \end{pmatrix}\right|}{\left|\begin{pmatrix} 1 \\ -2 \\ 0 \end{pmatrix}\right| \cdot \left|\begin{pmatrix} 0 \\ 2 \\ 1 \end{pmatrix}\right|} = \frac{|0 - 4 + 0|}{\sqrt{1^2 + (-2)^2 + 0^2} \cdot \sqrt{0^2 + 2^2 + 1^2}} = \frac{4}{5} \ \Rightarrow \ \varphi \approx 36{,}87°$$

und $\alpha = 90° - \varphi = 53{,}13°$

oder $\quad \sin\alpha = \frac{4}{5} \ \Rightarrow \ \alpha \approx 53{,}13°$

4 Abstände zwischen geometrischen Objekten

4.1 Abstand zu einer Ebene

Abstand Punkt – Ebene
Der Abstand des Punktes $P(p_1|p_2|p_3)$
zur Ebene $E: n_1x_1 + n_2x_2 + n_3x_3 + n_0 = 0$
beträgt:
$$d(P; E) = \frac{|n_1p_1 + n_2p_2 + n_3p_3 + n_0|}{|\vec{n}|}$$

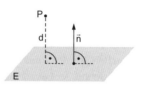

Die Berechnung des Abstands einer Geraden zu einer parallel verlaufenden Ebene bzw. zweier paralleler Ebenen lässt sich jeweils zurückführen auf die Berechnung des Abstands eines Punktes zu einer Ebene.

Abstand Gerade – Ebene
Der Abstand einer zur Ebene E parallel
verlaufenden Geraden g zur Ebene E entspricht dem Abstand eines beliebigen
Punktes P der Geraden zur Ebene:
$d(g; E) = d(P; E)$ mit $P \in g$ beliebig

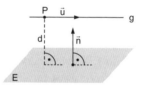

Abstand Ebene – Ebene
Der Abstand einer zur Ebene E parallel
verlaufenden Ebene F zur Ebene E entspricht dem Abstand eines beliebigen
Punktes P der Ebene F zur Ebene E:
$d(F; E) = d(P; E)$ mit $P \in F$ beliebig

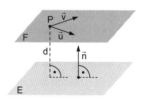

Berechnen Sie den Abstand der beiden parallelen Ebenen
$E_1: -2x_1 + 2x_2 + x_3 + 9 = 0$ und $E_2: \vec{X} = \begin{pmatrix}1\\2\\4\end{pmatrix} + \lambda \cdot \begin{pmatrix}1\\0\\2\end{pmatrix} + \mu \cdot \begin{pmatrix}2\\3\\-2\end{pmatrix}; \lambda, \mu \in \mathbb{R}$.

Der Abstand der parallelen Ebenen entspricht dem Abstand des Aufpunkts $P(1|2|4)$ der Ebene E_2 zur Ebene E_1:
$$d(E_2; E_1) = d(P; E_1) = \frac{|-2 \cdot 1 + 2 \cdot 2 + 1 \cdot 4 + 9|}{\sqrt{(-2)^2 + 2^2 + 1^2}} = \frac{|15|}{\sqrt{9}} = \frac{15}{3} = 5$$

4.2 Abstand eines Punktes zu einer Geraden

Der Abstand eines Punktes P zu einer Geraden g entspricht der Länge des Lotes, das von P auf die Gerade gefällt wird. Zur Bestimmung dieses Abstands ermittelt man den Lotfußpunkt.

Vorgehensweise 1

Schritt 1: Gleichung einer Hilfsebene H aufstellen, die den Punkt P enthält und senkrecht auf der Geraden g steht
H: $\vec{u} \circ (\vec{X} - \vec{P}) = 0$

Schritt 2: Lotfußpunkt L als Schnittpunkt von g und H berechnen

Schritt 3: Abstand von P zu g als Abstand von P zu L berechnen (Länge des Lotes)
$d(P; g) = d(P; L) = |\overrightarrow{PL}|$

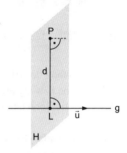

Vorgehensweise 2

Schritt 1: Verbindungsvektor $\overrightarrow{PL}$ aufstellen, wobei L zunächst ein allgemeiner Geradenpunkt von g ist (in Abhängigkeit von λ)

Schritt 2: Parameter λ aus der Bedingung $\overrightarrow{PL} \circ \vec{u} = 0$ bestimmen und Koordinaten des Lotfußpunktes L durch Einsetzen von λ in die Gleichung von g berechnen

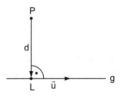

Schritt 3: Abstand von P zu g als Abstand von P zu L berechnen
$d(P; g) = d(P; L) = |\overrightarrow{PL}|$ (Länge des Lotes)

Bestimmen Sie den Abstand des Punktes P(−6|2|5) zur Geraden
g: $\vec{X} = \begin{pmatrix} 0 \\ 2 \\ 2 \end{pmatrix} + \lambda \cdot \begin{pmatrix} 2 \\ -2 \\ 1 \end{pmatrix}$; $\lambda \in \mathbb{R}$.

Vorgehensweise 1

Schritt 1:
H: $\begin{pmatrix} 2 \\ -2 \\ 1 \end{pmatrix} \circ \left(\vec{X} - \begin{pmatrix} -6 \\ 2 \\ 5 \end{pmatrix} \right) = 0$ bzw. H: $2x_1 - 2x_2 + x_3 + 11 = 0$

Schritt 2: Einsetzen der einzelnen Koordinaten von g in H:
$$2 \cdot (0 + 2\lambda) - 2 \cdot (2 - 2\lambda) + (2 + \lambda) + 11 = 0$$
$$4\lambda - 4 + 4\lambda + 2 + \lambda + 11 = 0$$
$$9\lambda = -9$$
$$\lambda = -1$$

$$\Rightarrow \vec{L} = \begin{pmatrix} 0 \\ 2 \\ 2 \end{pmatrix} + (-1) \cdot \begin{pmatrix} 2 \\ -2 \\ 1 \end{pmatrix} = \begin{pmatrix} -2 \\ 4 \\ 1 \end{pmatrix} \Rightarrow L(-2|4|1)$$

Schritt 3:
$$d(P;g) = |\vec{PL}| = \left| \begin{pmatrix} -2 \\ 4 \\ 1 \end{pmatrix} - \begin{pmatrix} -6 \\ 2 \\ 5 \end{pmatrix} \right| = \left| \begin{pmatrix} 4 \\ 2 \\ -4 \end{pmatrix} \right| = \sqrt{4^2 + 2^2 + (-4)^2} = \sqrt{36} = 6$$

Vorgehensweise 2

Schritt 1:
$$\vec{PL} = \begin{pmatrix} 0 + 2\lambda \\ 2 - 2\lambda \\ 2 + \lambda \end{pmatrix} - \begin{pmatrix} -6 \\ 2 \\ 5 \end{pmatrix} = \begin{pmatrix} 6 + 2\lambda \\ -2\lambda \\ -3 + \lambda \end{pmatrix}$$

Schritt 2:
$$\vec{PL} \circ \vec{u} = 0$$
$$\Leftrightarrow \begin{pmatrix} 6 + 2\lambda \\ -2\lambda \\ -3 + \lambda \end{pmatrix} \circ \begin{pmatrix} 2 \\ -2 \\ 1 \end{pmatrix} = 0$$
$$\Leftrightarrow 12 + 4\lambda + 4\lambda - 3 + \lambda = 0$$
$$\Leftrightarrow 9\lambda = -9$$
$$\Leftrightarrow \lambda = -1$$

Die weitere Rechnung erfolgt analog zu Vorgehensweise 1.

Abstand paralleler Geraden

Die Berechnung des Abstands zweier paralleler Geraden lässt sich zurückführen auf die Berechnung des Abstands eines Punktes zu einer Geraden.

Der Abstand zweier parallel verlaufender Geraden g und h entspricht dem Abstand eines beliebigen Punktes P der Geraden h zur Geraden g:
$d(h; g) = d(P; g)$ mit $P \in h$ beliebig

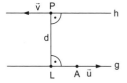

4.3 Abstand zweier windschiefer Geraden

Die Berechnung des Abstands zweier windschiefer Geraden g und h lässt sich zurückführen auf die Berechnung des Abstands eines beliebigen Punktes der einen Geraden zu einer Hilfsebene.

Vorgehensweise

Schritt 1: Gleichung einer Hilfsebene H, die die Gerade h enthält und parallel zur Geraden g liegt, in Normalenform aufstellen

H: $(\vec{u} \times \vec{v}) \circ (\vec{X} - \vec{B}) = 0$

(mit $\vec{u}$ und $\vec{v}$ als Richtungsvektoren von g und h und B als Aufpunkt von h)

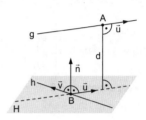

Schritt 2: Abstand von g zu h als Abstand eines Punktes der Geraden g zur Ebene H berechnen (vgl. Abschnitt 4.1)

$d(g; h) = d(A; H)$ mit $A \in g$ beliebig

Bestimmen Sie den Abstand der beiden windschiefen Geraden

g: $\vec{X} = \begin{pmatrix} 4 \\ 1 \\ 3 \end{pmatrix} + \lambda \cdot \begin{pmatrix} -2 \\ 2 \\ -1 \end{pmatrix}$ und h: $\vec{X} = \begin{pmatrix} 5 \\ -1 \\ 0 \end{pmatrix} + \mu \cdot \begin{pmatrix} 2 \\ -3 \\ 2 \end{pmatrix}$; $\lambda, \mu \in \mathbb{R}$.

Schritt 1:

$\vec{n} = \begin{pmatrix} -2 \\ 2 \\ -1 \end{pmatrix} \times \begin{pmatrix} 2 \\ -3 \\ 2 \end{pmatrix} = \begin{pmatrix} 4-3 \\ -2-(-4) \\ 6-4 \end{pmatrix} = \begin{pmatrix} 1 \\ 2 \\ 2 \end{pmatrix}$

H: $\begin{pmatrix} 1 \\ 2 \\ 2 \end{pmatrix} \circ \left[\vec{X} - \begin{pmatrix} 5 \\ -1 \\ 0 \end{pmatrix} \right] = 0$ bzw. H: $x_1 + 2x_2 + 2x_3 - 3 = 0$

Schritt 2:

Mit dem Aufpunkt A(4|1|3) von g gilt:

$d(g; h) = d(A; H) = \dfrac{|1 \cdot 4 + 2 \cdot 1 + 2 \cdot 3 - 3|}{\sqrt{1^2 + 2^2 + 2^2}} = \dfrac{|9|}{\sqrt{9}} = \dfrac{9}{3} = 3$

5 Die Kugel

Eine Kugel enthält alle Punkte des Raums, die zu einem bestimmten Punkt M (Mittelpunkt) dieselbe Entfernung r (Radius) besitzen.

Eine Kugel mit dem Mittelpunkt M und dem Radius r kann beschrieben werden durch eine Gleichung der Form
K: $(\vec{X} - \vec{M})^2 = r^2$
oder in Koordinatendarstellung:
K: $(x_1 - m_1)^2 + (x_2 - m_2)^2 + (x_3 - m_3)^2 = r^2$ (vgl. Merkhilfe)

5.1 Lage eines Punktes zu einer Kugel

Die Lage eines Punktes P zu einer Kugel K wird durch den Abstand von P zum Mittelpunkt M der Kugel bestimmt. Es sind drei Fälle möglich:

(1) P liegt innerhalb der Kugel K.
$d(P; M) = |\overrightarrow{MP}| < r$

(2) P liegt auf der Kugel K.
$d(P; M) = |\overrightarrow{MP}| = r$

(3) P liegt außerhalb der Kugel K.
$d(P; M) = |\overrightarrow{MP}| > r$

5.2 Lage einer Ebene zu einer Kugel

Die Lage einer Ebene E zu einer Kugel K wird durch den Abstand des Mittelpunktes M der Kugel zur Ebene bestimmt. Dieser Abstand kann wie in Abschnitt 4.1 beschrieben ermittelt werden. Es sind drei Fälle möglich:

(1) Kugel und Ebene schneiden sich in einem Schnittkreis.
$d(M; E) < r$

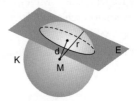

(2) Kugel und Ebene berühren sich in einem Punkt.
$d(M; E) = r$

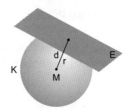

(3) Kugel und Ebene haben keine gemeinsamen Punkte.
$d(M; E) > r$

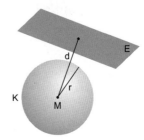

5.3 Lage zweier Kugeln

Die gegenseitige Lage zweier Kugeln K_1 und K_2 wird durch den Abstand ihrer beiden Mittelpunkte M_1 und M_2 bestimmt. Hier gibt es fünf mögliche Fälle:

(1) Die Kugeln haben keine gemeinsamen Punkte.
$d(M_1; M_2) > r_1 + r_2$

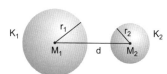

(2) Die Kugeln berühren sich von außen in einem Punkt.
$d(M_1; M_2) = r_1 + r_2$

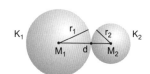

(3) Die Kugeln schneiden sich in einem Schnittkreis.
$|r_1 - r_2| < d(M_1; M_2) < r_1 + r_2$

(4) Die Kugeln berühren sich von innen in einem Punkt.
$d(M_1; M_2) = |r_1 - r_2|$

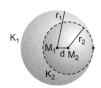

(5) Die Kugeln liegen ineinander.
$d(M_1; M_2) < |r_1 - r_2|$

Stochastik

1 Ereignisse

Ergebnisraum und Ereignisse
Der Ergebnisraum Ω umfasst alle möglichen Ausgänge (Ergebnisse) eines Zufallsexperiments. Die Anzahl der Elemente von Ω wird als Mächtigkeit $|\Omega|$ bezeichnet.
Jede Teilmenge des Ergebnisraums beschreibt ein Ereignis. Ω selbst heißt sicheres Ereignis (tritt auf jeden Fall ein), die leere Menge $\{\}$ unmögliches Ereignis (tritt nie ein). Ein einzelnes Ergebnis wird auch als Elementarereignis bezeichnet.

Durch Verknüpfung einzelner Ereignisse – z. B. durch Bildung der Schnitt- oder Vereinigungsmenge – entstehen neue Ereignisse als Teilmengen des Ergebnisraums.

Ausgehend von zwei Ereignissen A und B als Teilmengen eines Ergebnisraums Ω ergeben sich u. a. folgende weitere Ereignisse:

Gegenereignis
$\overline{A} = \Omega \setminus A$
„Alle Elemente aus Ω, die nicht zu Ereignis A gehören."

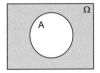

Schnittmenge
$A \cap B$
„Alle Elemente aus Ω, die sowohl zu Ereignis A als auch zu Ereignis B gehören."
Bemerkung: Die beiden Ereignisse A und B heißen unvereinbar, wenn $A \cap B = \{\}$ gilt.

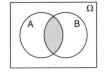

Vereinigungsmenge
$A \cup B$
„Alle Elemente aus Ω, die zu Ereignis A oder zu Ereignis B oder zu beiden gehören."

$A \setminus B = A \cap \overline{B}$
„Alle Elemente aus Ω, die zu Ereignis A, aber nicht zu Ereignis B gehören."

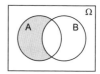

$A \setminus B \cup B \setminus A = (A \cap \overline{B}) \cup (B \cap \overline{A})$
„Alle Elemente aus Ω, die entweder zu Ereignis A oder zu Ereignis B gehören."

$\overline{A} \cap \overline{B} = \overline{A \cup B}$
Gegenereignis zu $A \cup B$
„Alle Elemente aus Ω, die weder zu Ereignis A noch zu Ereignis B gehören."

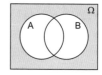

$\overline{A} \cup \overline{B} = \overline{A \cap B}$
Gegenereignis zu $A \cap B$
„Alle Elemente aus Ω, die nicht zugleich zu Ereignis A und Ereignis B gehören."

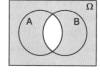

Ω $\triangleq$ Bevölkerung von Deutschland
A: „Die Person ist ein Mann."
B: „Die Person ist blond."

$\overline{A}$:	Die Person ist kein Mann. *oder:* Die Person ist eine Frau.
$A \cap B$:	Die Person ist ein blonder Mann.
$A \cup B$:	Die Person ist ein Mann oder blond (oder beides).
$A \setminus B$:	Die Person ist ein Mann, aber nicht blond.
$A \setminus B \cup B \setminus A$:	Die Person ist entweder ein Mann oder blond.
$\overline{A} \cap \overline{B}$:	Die Person ist weder ein Mann noch blond.
$\overline{A} \cup \overline{B}$:	Die Person ist kein blonder Mann.

2 Wahrscheinlichkeitsberechnungen

2.1 Der Wahrscheinlichkeitsbegriff

Den einzelnen Elementen eines Ergebnisraums lassen sich Wahrscheinlichkeiten zuordnen. Die Wahrscheinlichkeit eines Ereignisses A wird mit P(A) bezeichnet.

Eigenschaften der Wahrscheinlichkeit
- $0 \leq P(A) \leq 1$ für jedes Ereignis $A \subseteq \Omega$
- $P(\Omega) = 1$ und $P(\{\}) = 0$
- $P(\overline{A}) = 1 - P(A)$
- $P(A \cup B) = P(A) + P(B) - P(A \cap B)$ (**Additionssatz**)

Bei der Produktion eines Spielzeugs für Kinder können zwei Fehler auftreten. 10 % der produzierten Spielzeuge haben einen Funktionsfehler (F_1), 20 % haben einen Farbfehler (F_2). 25 % aller Spielzeuge haben mindestens einen Fehler. Berechnen Sie die Wahrscheinlichkeit, dass ein Spielzeug beide Fehler aufweist.

Gegeben: $P(F_1) = 0,1 \quad P(F_2) = 0,2 \quad P(F_1 \cup F_2) = 0,25$
Gesucht: $P(F_1 \cap F_2)$

Nach dem Additionssatz gilt:
$P(F_1 \cup F_2) = P(F_1) + P(F_2) - P(F_1 \cap F_2)$
$\Rightarrow P(F_1 \cap F_2) = P(F_1) + P(F_2) - P(F_1 \cup F_2)$
$P(F_1 \cap F_2) = 0,1 + 0,2 - 0,25 = 0,05$

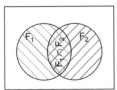
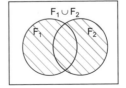

2.2 Laplace-Experimente, Laplace-Wahrscheinlichkeit

Ein Zufallsexperiment, bei dem alle Ergebnisse (Elementarereignisse) aus Ω gleich wahrscheinlich sind, heißt Laplace-Experiment.
Die Wahrscheinlichkeit eines Ereignisses A erhält man in diesem Fall, indem man die Mächtigkeit von A durch die Mächtigkeit von Ω teilt:
$$P(A) = \frac{|A|}{|\Omega|} = \frac{\text{Anzahl der günstigen Fälle}}{\text{Anzahl der möglichen Fälle}}$$

Zwei verschiedene Glücksräder werden je einmal gedreht. Geben Sie jeweils den Ergebnisraum Ω an und entscheiden Sie, ob ein Laplace-Experiment vorliegt. Berechnen Sie in diesem Fall die Wahrscheinlichkeit, dass der Pfeil auf einer geraden Zahl stehen bleibt.

Glücksrad 1

$\Omega = \{1; 2; 3; 4; 5; 6\}$ $|\Omega| = 6$
Laplace-Experiment, da die einzelnen Sektoren des Rades gleich groß sind und damit gilt:
$P(\{1\}) = P(\{2\}) = \ldots = P(\{6\}) = \frac{1}{6}$
A: „Der Pfeil zeigt auf eine gerade Zahl."
$A = \{2; 4; 6\}$ $|A| = 3$
$P(A) = \frac{|A|}{|\Omega|} = \frac{3}{6} = \frac{1}{2}$

Glücksrad 2

$\Omega = \{1; 2; 3; 4; 5; 6\}$ $|\Omega| = 6$
kein Laplace-Experiment, da die einzelnen Sektoren des Rades nicht gleich groß sind

2.3 Baumdiagramme und Vierfeldertafeln

Baumdiagramm

Ein Baumdiagramm eignet sich zur Bestimmung von Wahrscheinlichkeiten mehrstufiger bzw. zusammengesetzter Zufallsexperimente.

Verzweigungsregel
Bei einem vollständigen Baumdiagramm beträgt die Summe der Wahrscheinlichkeiten aller Äste, die von einem Verzweigungspunkt ausgehen, stets 1.

1. Pfadregel (Produktregel)
Die Wahrscheinlichkeit eines einzelnen Ergebnisses ist das Produkt der Wahrscheinlichkeiten entlang des Pfades, der zu diesem Ergebnis führt.

2. Pfadregel (Summenregel)
Die Wahrscheinlichkeit eines Ereignisses ist die Summe der Wahrscheinlichkeiten der Pfade, die zu diesem Ereignis gehören.

Die Tennisabteilung eines Vereins besteht zu 60 % aus männlichen Mitgliedern, von denen 20 % Linkshänder sind. 10 % aller Mitglieder sind weiblich und Rechtshänder. Zeichnen Sie ein vollständiges Baumdiagramm und ermitteln Sie die Wahrscheinlichkeit, dass ein beliebiges Mitglied des Vereins Linkshänder ist.

M: „Mitglied ist ein Mann."   L: „Mitglied ist Linkshänder."

Die fett gedruckten Werte im Baumdiagramm sind gegeben, die übrigen ergeben sich mithilfe der Verzweigungsregel bzw. der 1. Pfadregel:

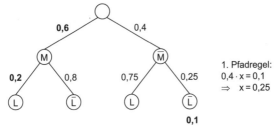

1. Pfadregel:
$0{,}4 \cdot x = 0{,}1$
$\Rightarrow \quad x = 0{,}25$

Die gesuchte Wahrscheinlichkeit erhält man mithilfe der 2. Pfadregel:
$P(L) = 0{,}6 \cdot 0{,}2 + 0{,}4 \cdot 0{,}75 = 0{,}42$

Vierfeldertafel

Eine Vierfeldertafel eignet sich zur Bestimmung von Wahrscheinlichkeiten der Verknüpfungen zweier Ereignisse A und B. Sie ist folgendermaßen aufgebaut:

	A	$\overline{A}$	
B	$P(A \cap B)$	$P(\overline{A} \cap B)$	$P(B)$
$\overline{B}$	$P(A \cap \overline{B})$	$P(\overline{A} \cap \overline{B})$	$P(\overline{B})$
	$P(A)$	$P(\overline{A})$	1

Die Randwerte ergeben sich dabei jeweils durch Summenbildung.

Bemerkung: In den Feldern können auch absolute Häufigkeiten stehen.

Die Angaben aus dem vorherigen Beispiel lassen sich auch in einer Vierfeldertafel darstellen.

Gegeben: $P(M) = 0{,}6 \quad P(M \cap L) = 0{,}6 \cdot 0{,}2 = 0{,}12 \quad P(\overline{M} \cap \overline{L}) = 0{,}1$

Diese Werte sind in der Vierfeldertafel fett gedruckt; die übrigen Werte ergeben sich entsprechend als Summen bzw. Differenzen:

	M	$\overline{M}$	
L	**0,12**	0,3	0,42
$\overline{L}$	0,48	**0,1**	0,58
	0,6	0,4	1

Die zuvor mithilfe der 2. Pfadregel berechnete Wahrscheinlichkeit $P(L) = 0{,}42$ lässt sich aus der Vierfeldertafel direkt ablesen.

2.4 Bedingte Wahrscheinlichkeit und stochastische Unabhängigkeit

Bedingte Wahrscheinlichkeit
Bei einem Zufallsexperiment mit den möglichen Ereignissen A und B heißt die Wahrscheinlichkeit, dass B eintritt unter der Voraussetzung, dass A bereits eingetreten ist, die durch A bedingte Wahrscheinlichkeit von B. Für diese Wahrscheinlichkeit gilt:

$P_A(B) = \frac{P(A \cap B)}{P(A)}$ (vgl. Merkhilfe)

Stochastische Unabhängigkeit
Zwei Ereignisse A und B heißen stochastisch unabhängig, wenn das Eintreten von A keinen Einfluss auf die Wahrscheinlichkeit von B hat und umgekehrt, d. h., wenn $P_A(B) = P(B)$ und $P_B(A) = P(A)$. Dies ist genau dann der Fall, wenn gilt:

$P(A \cap B) = P(A) \cdot P(B)$ (vgl. Merkhilfe)

Andernfalls heißen A und B stochastisch abhängig.

Bemerkung: Die stochastische Unabhängigkeit zweier Ereignisse ist nicht zu verwechseln mit der Unvereinbarkeit zweier Ereignisse A und B. Für letztere gilt: $P(A \cap B) = P(\{\}) = 0$ (vgl. Seite 60)

Die stochastische Unabhängigkeit zweier Ereignisse A und B lässt sich gut anhand einer Vierfeldertafel überprüfen.

Mithilfe von bedingten Wahrscheinlichkeiten lässt sich das vollständige Baumdiagramm für ein zusammengesetztes bzw. mehrstufiges Zufallsexperiment mit den beiden Ereignissen A und B wie folgt angeben:

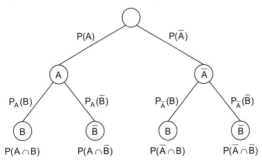

Bei der Produktion eines Spielzeugs für Kinder können zwei Fehler auftreten. 10 % der produzierten Spielzeuge haben einen Funktionsfehler (F_1), 20 % haben einen Farbfehler (F_2). 25 % aller Spielzeuge haben mindestens einen Fehler (siehe auch Seite 62).

- Stellen Sie die zugehörige Vierfeldertafel auf und überprüfen Sie die Ereignisse F_1 und F_2 auf stochastische Unabhängigkeit.

  Gegeben: $P(F_1) = 0,1 \quad P(F_2) = 0,2 \quad P(F_1 \cup F_2) = 0,25$

  Es gilt: $P(\overline{F_1} \cap \overline{F_2}) = 1 - P(F_1 \cup F_2) = 1 - 0,25 = 0,75$

  Damit lässt sich eine vollständige Vierfeldertafel angeben:

	F_1	$\overline{F_1}$	
F_2	0,05	0,15	**0,2**
$\overline{F_2}$	0,05	**0,75**	0,8
	0,1	0,9	1

  $P(F_1 \cap F_2) = 0,05 \quad P(F_1) \cdot P(F_2) = 0,1 \cdot 0,2 = 0,02$

  Also: $P(F_1 \cap F_2) = 0,05 \neq 0,02 = P(F_1) \cdot P(F_2)$

  $\Rightarrow$ Die Ereignisse F_1 und F_2 sind stochastisch abhängig.

- Ein Spielzeug funktioniert einwandfrei. Mit welcher Wahrscheinlichkeit hat das Spielzeug einen Farbfehler?

  Gesucht ist die bedingte Wahrscheinlichkeit $P_{\overline{F_1}}(F_2)$. Es gilt:

  $$P_{\overline{F_1}}(F_2) = \frac{P(\overline{F_1} \cap F_2)}{P(\overline{F_1})} = \frac{0,15}{0,9} = \frac{1}{6} \approx 16,67\,\%$$

- Stellen Sie das zugehörige vollständige Baumdiagramm auf.

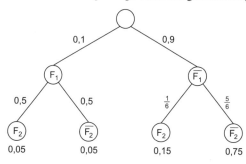

3 Urnenmodelle

Mehrstufige Zufallsexperimente lassen sich gut mithilfe von Urnenmodellen veranschaulichen. Dabei werden unterscheidbare Kugeln aus einer Urne gezogen. Je nach Modell wird mit oder ohne Zurücklegen gezogen. Außerdem ist zu beachten, ob die Reihenfolge der gezogenen Kugeln eine Rolle spielt.
Ist nach der Anzahl der Möglichkeiten gefragt, so ist die Antwort eine natürliche Zahl. Ist nach einer Wahrscheinlichkeit gefragt, so ist die Antwort eine reelle Zahl zwischen 0 und 1.

3.1 Anzahl der Möglichkeiten

Um die Wahrscheinlichkeit eines Ereignisses A in einem Laplace-Experiment zu ermitteln, ist es notwendig, die Mächtigkeiten des Ergebnisraums und des Ereignisses zu kennen (vgl. Abschnitt 2.2). Insbesondere wenn es eine große Anzahl von Möglichkeiten gibt, lassen sich diese Mächtigkeiten nicht mehr durch Notieren aller möglichen Ergebnisse und Abzählen bestimmen. Bezogen auf das jeweilige Urnenmodell gibt es aber geeignete Berechnungsformeln, die auf dem allgemeinen Zählprinzip basieren:

Anzahl der Möglichkeiten
- Aus einer Urne mit n Kugeln wird k-mal *mit* Zurücklegen unter Beachtung der Reihenfolge gezogen:
  n^k Möglichkeiten
- Aus einer Urne mit n Kugeln wird k-mal *ohne* Zurücklegen unter Beachtung der Reihenfolge gezogen:
  $n \cdot (n-1) \cdot \ldots \cdot (n-k+1)$ Möglichkeiten
- Aus einer Urne mit n Kugeln werden k Kugeln ohne Zurücklegen und ohne Beachtung der Reihenfolge (bzw. mit einem Griff) gezogen:
  $\binom{n}{k} = \frac{n!}{k! \cdot (n-k)!}$ Möglichkeiten
  Dieser Ausdruck heißt **Binomialkoeffizient** (vgl. Merkhilfe).

Im Sportunterricht werden 6 verschiedene Mannschaften gebildet.
- Auf wie viele verschiedene Arten können Anna, Bernd und Christian auf die Teams verteilt werden?

$$\underset{\text{Anna}}{6} \cdot \underset{\text{Bernd}}{6} \cdot \underset{\text{Christian}}{6} = 6^3 = 216$$

- Wie viele Möglichkeiten der Verteilung gibt es, wenn jeder der drei zu einem anderen Team gehören soll?

$$\underset{\text{Anna}}{6} \cdot \underset{\text{Bernd}}{5} \cdot \underset{\text{Christian}}{4} = 120$$

- Wie viele verschiedene Möglichkeiten gibt es für die Zusammenstellung eines 5er-Teams, wenn die Klasse aus 30 Schülern besteht?

$$\binom{30}{5} = 142\,506$$

3.2 Berechnen von Wahrscheinlichkeiten

Ziehen ohne Zurücklegen

Beim Ziehen aus einer Urne ohne Zurücklegen ändern sich bei jedem Zug die Wahrscheinlichkeiten. Spielt dabei die Reihenfolge der gezogenen Kugeln keine Rolle, entspricht dies dem Ziehen mit einem Griff.

Zieht man aus einer Urne mit N Kugeln, von denen K schwarz sind, n Kugeln ohne Zurücklegen, so gilt für die Wahrscheinlichkeit, genau k schwarze Kugeln zu ziehen:

$$P(\text{„genau k schwarze Kugeln"}) = \frac{\binom{K}{k} \cdot \binom{N-K}{n-k}}{\binom{N}{n}} \quad \text{(vgl. Merkhilfe)}$$

In einer Lieferung von 50 Dioden befinden sich 4 defekte. Bei einer Kontrolle werden 6 Dioden zufällig ausgewählt und überprüft.
Mit welcher Wahrscheinlichkeit findet man genau 2 defekte?

Die Lieferung besteht aus N = 50 Dioden.
Darunter befinden sich K = 4 defekte, also N − K = (50 − 4) = 46 einwandfreie Dioden.
Es werden n = 6 Dioden ausgewählt und überprüft.

$$P(\text{„genau 2 defekte Dioden"}) = \frac{\binom{4}{2} \cdot \binom{50-4}{6-2}}{\binom{50}{6}} = \frac{\binom{4}{2} \cdot \binom{46}{4}}{\binom{50}{6}} \approx 6{,}2\,\%$$

Ziehen mit Zurücklegen

Beim Ziehen aus einer Urne mit Zurücklegen bleiben die Wahrscheinlichkeiten bei jedem Zug gleich.

Zieht man aus einer Urne mit einem bestimmten Anteil p schwarzer Kugeln n Kugeln mit Zurücklegen, so gilt für die Wahrscheinlichkeit, genau k schwarze Kugeln zu ziehen:

P(„genau k schwarze Kugeln") = $\binom{n}{k} \cdot p^k \cdot (1-p)^{n-k}$ (vgl. Merkhilfe)

Spielt die Reihenfolge der gezogenen Kugeln eine Rolle, kann die Formel nicht direkt angewendet werden (vgl. Ereignisse C und D unten).

Ein Tetraeder (vierseitiger Würfel mit den Augenzahlen 1, 2, 3 und 4) wird fünfmal geworfen. Notiert wird die Augenzahl der Fläche, auf die das Tetraeder fällt.

Für jeden der n = 5 Würfe gilt:

$P(\{1\}) = P(\{2\}) = P(\{3\}) = P(\{4\}) = \frac{1}{4}$ und $P(\{\text{ungerade Zahl}\}) = \frac{1}{2}$

A: „Genau bei 3 Würfen fällt die Augenzahl 2."

$P(A) = P(\text{„genau 3 Zweier"}) = \binom{5}{3} \cdot \left(\frac{1}{4}\right)^3 \cdot \left(\frac{3}{4}\right)^{5-3} \approx 8,79\%$

B: „Es wird immer eine ungerade Augenzahl geworfen."
 P(B) = P(„genau 5 ungerade Zahlen")
 $= \binom{5}{5} \cdot \left(\frac{1}{2}\right)^5 \cdot \left(\frac{1}{2}\right)^{5-5} = 1 \cdot \left(\frac{1}{2}\right)^5 \cdot 1 = 3,125\%$

C: „Es wird nur im ersten, zweiten und letzten Wurf eine 2 gewürfelt."

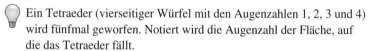

D: „Es wird genau dreimal hintereinander eine 2 gewürfelt."
 Mögliche Fälle sind: 2 2 2 _ _
  _ 2 2 2 _
  _ _ 2 2 2

Für jeden dieser Fälle ist die Wahrscheinlichkeit $\left(\frac{1}{4}\right)^3 \cdot \left(\frac{3}{4}\right)^2$.

⇒ $P(D) = 3 \cdot \left(\frac{1}{4}\right)^3 \cdot \left(\frac{3}{4}\right)^2 \approx 2,64\%$

4 Zufallsgrößen

4.1 Zufallsgrößen und ihre Wahrscheinlichkeitsverteilung

Eine **Zufallsgröße** oder Zufallsvariable ordnet jedem Ergebnis eines Zufallsexperiments eine reelle Zahl zu. Die **Wahrscheinlichkeitsverteilung** einer Zufallsgröße X gibt an, mit welchen Wahrscheinlichkeiten $p_1, p_2, ..., p_n$ die Zufallsgröße die möglichen Werte $x_1, x_2, ..., x_n$ annimmt; in Tabellenform:

x_i	x_1	x_2	...	x_n
$P(X = x_i)$	p_1	p_2	...	p_n

Dabei muss die Summe der Wahrscheinlichkeiten stets 1 ergeben:
$p_1 + p_2 + ... + p_n = 1$ (Normierungsbedingung)

Die Veranschaulichung der Wahrscheinlichkeitsverteilung kann durch ein Stabdiagramm oder ein Histogramm erfolgen.

Vorgehensweise

Schritt 1: Werte, die die Zufallsgröße X annehmen kann, auflisten

Schritt 2: Zugehörige Wahrscheinlichkeiten berechnen

Schritt 3: Tabelle und ggf. Stabdiagramm bzw. Histogramm erstellen

Bei einem gezinkten Würfel wird die Augenzahl 6 mit einer Wahrscheinlichkeit von 0,3 geworfen. Ermitteln Sie die Wahrscheinlichkeitsverteilung der Zufallsgröße X, die die Anzahl der Sechser beim zweimaligen Werfen dieses Würfels angibt.

Schritt 1:
Die Zufallsgröße X kann folgende Werte annehmen:
$x_1 = 0;\ x_2 = 1;\ x_3 = 2$

Schritt 2:
Die Wahrscheinlichkeiten für die einzelnen Werte von X können mithilfe der Formel von Seite 70 ermittelt werden:

$P(X = x_1) = P(X = 0) = P(\text{„keine 6"}) = \binom{2}{0} \cdot 0{,}3^0 \cdot 0{,}7^2 = 0{,}7^2 = 0{,}49$

$P(X = 1) = \binom{2}{1} \cdot 0{,}3^1 \cdot 0{,}7^1 = 0{,}42 \qquad P(X = 2) = \binom{2}{2} \cdot 0{,}3^2 \cdot 0{,}7^0 = 0{,}09$

Schritt 3:
Wahrscheinlichkeitsverteilung von X:

x_i	0	1	2
$P(X=x_i)$	0,49	0,42	0,09

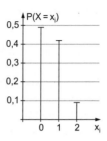

4.2 Erwartungswert, Varianz und Standardabweichung

Erwartungswert

Der Erwartungswert einer Zufallsgröße X gibt an, welcher Mittelwert bei oftmaliger Wiederholung des Zufallsexperiments zu erwarten ist.

$$\mu = E(X) = \sum_{i=1}^{n} x_i \cdot p_i = x_1 \cdot p_1 + \ldots + x_n \cdot p_n \quad \text{(vgl. Merkhilfe)}$$

Varianz und Standardabweichung

Die Varianz und die Standardabweichung einer Zufallsgröße X erfassen die Streuung der Werte um den Erwartungswert von X.

$$\text{Var}(X) = \sum_{i=1}^{n} (x_i - \mu)^2 \cdot p_i = (x_1 - \mu)^2 \cdot p_1 + \ldots + (x_n - \mu)^2 \cdot p_n$$

$$\sigma(X) = \sqrt{\text{Var}(x)} \quad \text{(vgl. Merkhilfe)}$$

Bemerkungen:
- Der Erwartungswert μ einer Zufallsgröße X ist häufig kein Wert, den die Zufallsgröße tatsächlich annimmt.
- Ein Spiel ist fair, wenn der Erwartungswert des Gewinns für jeden Spieler gleich null ist.

 Ein Englischlehrer stellt für die Notenverteilung der nächsten Schulaufgabe zwei mögliche Szenarien gegenüber.

Szenario A

Note x	1	2	3	4	5	6
$P(X=x)$	0,1	0,15	0,5	0,2	0	0,05

Szenario B

Note y	1	2	3	4	5	6
P(Y = y)	0,2	0,25	0,25	0,05	0,15	0,1

Erwartungswert (Notendurchschnitt) bei beiden Szenarien:
$E(X) = 1 \cdot 0,1 + 2 \cdot 0,15 + 3 \cdot 0,5 + 4 \cdot 0,2 + 5 \cdot 0 + 6 \cdot 0,05 = 3$
$E(Y) = 1 \cdot 0,2 + 2 \cdot 0,25 + 3 \cdot 0,25 + 4 \cdot 0,05 + 5 \cdot 0,15 + 6 \cdot 0,1 = 3$
In beiden Fällen ergäbe sich derselbe Notendurchschnitt.

Varianz/Streuung um den Notendurchschnitt:
$Var(X) = (1-3)^2 \cdot 0,1 + (2-3)^2 \cdot 0,15 + (3-3)^2 \cdot 0,5 + (4-3)^2 \cdot 0,2$
$\quad + (5-3)^2 \cdot 0 + (6-3)^2 \cdot 0,05 = 1,2$

$Var(Y) = (1-3)^2 \cdot 0,2 + (2-3)^2 \cdot 0,25 + (3-3)^2 \cdot 0,25 + (4-3)^2 \cdot 0,05$
$\quad + (5-3)^2 \cdot 0,15 + (6-3)^2 \cdot 0,1 = 2,6$

$\Rightarrow \quad Var(X) < Var(Y)$

Die Streuung der Noten um den Notendurchschnitt wäre bei Szenario B größer als bei Szenario A.

Dies wird auch an den Stabdiagrammen deutlich:

Szenario A   **Szenario B**

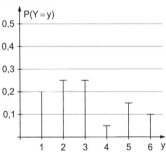

Szenario A: Sehr gute und sehr schlechte Noten treten selten auf.
$\quad \Rightarrow$ Die Noten streuen nur wenig um den Erwartungswert.
Szenario B: Die Noten sind recht gleichmäßig verteilt.
$\quad \Rightarrow$ Die Noten streuen stark um den Erwartungswert.

4.3 Binomialverteilte Zufallsgrößen

Bernoulli-Experiment
Ein Zufallsexperiment mit nur zwei möglichen Ergebnissen (Treffer und Niete) heißt Bernoulli-Experiment. Die Trefferwahrscheinlichkeit bezeichnet man mit p, die Wahrscheinlichkeit für eine Niete mit $q = 1-p$. Die n-fache unabhängige Wiederholung eines Bernoulli-Experiments heißt Bernoulli-Kette der Länge n. Die Trefferwahrscheinlichkeit p bleibt dabei konstant.

Binomialverteilte Zufallsgröße
Für die Zufallsgröße X, die die Anzahl der Treffer bei einer Bernoulli-Kette der Länge n mit Trefferwahrscheinlichkeit p angibt, gilt:

$$P_p^n(X = k) = B(n; p; k) = \binom{n}{k} \cdot p^k \cdot (1-p)^{n-k} \quad (0 \le k \le n)$$

Diese Wahrscheinlichkeitsverteilung heißt Binomialverteilung und X binomialverteilt nach B(n; p) (vgl. Merkhilfe).

Die kumulative Verteilungsfunktion einer B(n; p)-verteilten Zufallsgröße ist gegeben durch:

$$F_p^n(k) = P_p^n(X \le k) = \sum_{i=0}^{k} B(n; p; i)$$

Für eine B(n; p)-verteilte Zufallsgröße X gilt (vgl. Merkhilfe):
- Erwartungswert: $\quad \mu = E(X) = n \cdot p$
- Varianz: $\quad \text{Var}(X) = n \cdot p \cdot (1-p)$
- Standardabweichung: $\sigma(X) = \sqrt{n \cdot p \cdot (1-p)}$

Bemerkung: Die Binomialverteilung lässt sich durch das Urnenmodell „Ziehen mit Zurücklegen" (vgl. S. 70) veranschaulichen.

Beispielhaftes Histogramm für $n = 10$ und $p = 0{,}3$ (mit $E(X) = 3$):

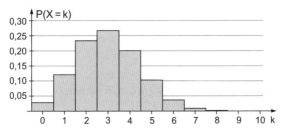

Die Werte für bestimmte Binomialverteilungen und ihre kumulativen Verteilungen können einem Tafelwerk entnommen werden.

Übersicht über typische Fragestellungen und Rückführung auf die kumulative Verteilungsfunktion:
- genau k Treffer: $P(X = k) = B(n; p; k) = \binom{n}{k} \cdot p^k \cdot (1-p)^{n-k}$
- höchstens k Treffer: $P(X \leq k)$
- weniger als k Treffer: $P(X < k) = P(X \leq k - 1)$
- mindestens k Treffer: $P(X \geq k) = 1 - P(X \leq k - 1)$
- mehr als k Treffer: $P(X > k) = P(X \geq k + 1) = 1 - P(X \leq k)$
- mindestens k, aber höchstens h Treffer: $P(k \leq X \leq h) = P(X \leq h) - P(X \leq k - 1)$

Eine Sportartikelfirma stellt Fußbälle her. Aus langjähriger Erfahrung weiß man, dass 10 % aller produzierten Bälle fehlerhaft sind. In der Endkontrolle werden 10 Bälle zufällig ausgewählt und kontrolliert.

Mit welcher Wahrscheinlichkeit
(1) sind genau drei Bälle fehlerhaft?
(2) sind höchstens vier Bälle fehlerhaft?
(3) sind mehr als drei Bälle fehlerhaft?
(4) sind mindestens zwei, aber weniger als fünf Bälle fehlerhaft?

Die Zufallsgröße X gibt die Anzahl der fehlerhaften Bälle bei der Endkontrolle an. X ist binomialverteilt mit $p = 0,1$ und $n = 10$.

(1) $P_{0,1}^{10}(X = 3) = B(10; 0,1; 3) = \binom{10}{3} \cdot 0,1^3 \cdot 0,9^7 \approx 0,0574 = 5,74\,\%$

(2) $P_{0,1}^{10}(X \leq 4) = \sum_{i=0}^{4} B(10; 0,1; i) = 0,99837 \approx 99,84\,\%$
   (Tafelwerk: kumulative Tabelle)

(3) $P_{0,1}^{10}(X > 3) = 1 - P_{0,1}^{10}(X \leq 3)$

$= 1 - \sum_{i=0}^{3} B(10; 0,1; i)$

$= 1 - 0,98720$ (Tafelwerk: kumulative Tabelle)
$= 0,0128 = 1,28\,\%$

(4) $P_{0,1}^{10}(2 \leq X < 5) = P_{0,1}^{10}(2 \leq X \leq 4)$

$= P_{0,1}^{10}(X \leq 4) - P_{0,1}^{10}(X \leq 1)$

$= \sum_{i=0}^{4} B(10; 0,1; i) - \sum_{i=0}^{1} B(10; 0,1; i)$

$= 0,99837 - 0,73610$ (Tafelwerk: kumulative Tabelle)

$= 0,26227 \approx 26,23\,\%$

Wie viele Bälle müsste man mindestens kontrollieren, um mit einer Wahrscheinlichkeit von mindestens 95 % wenigstens einen fehlerhaften Ball zu finden? („3-Mindestens-Aufgabe")

Nun ist X binomialverteilt mit p = 0,1 und unbekanntem n.

Es soll gelten:

$P_{0,1}^{n}(X \geq 1) \geq 0,95$

$1 - P_{0,1}^{n}(X = 0) \geq 0,95$

$P_{0,1}^{n}(X = 0) \leq 0,05$

$\binom{n}{0} \cdot 0,1^0 \cdot 0,9^n \leq 0,05$

$0,9^n \leq 0,05$

$\ln 0,9^n \leq \ln 0,05$

$n \cdot \ln 0,9 \leq \ln 0,05 \qquad |: \ln 0,9 \; (< 0\,!)$

$n \geq \frac{\ln 0,05}{\ln 0,9} \approx 28,43$

Man müsste also mindestens 29 Bälle kontrollieren.

5 Testen von Hypothesen

Einseitiger Signifikanztest
Bei einem Hypothesentest stellt man eine Vermutung (**Nullhypothese** H_0) über eine Wahrscheinlichkeit auf und testet diese anhand einer Stichprobe. Aufgrund des Ergebnisses des Tests wird entschieden, ob die Vermutung angenommen oder abgelehnt wird. Dabei können zwei Fehlentscheidungen getroffen werden:
Fehler 1. Art: H_0 wird irrtümlich abgelehnt.
Fehler 2. Art: H_0 wird irrtümlich angenommen bzw. nicht abgelehnt.
Es ist wünschenswert, dass die Wahrscheinlichkeit für einen Fehler 1. Art möglichst klein ist. Deshalb wird diese Irrtumswahrscheinlichkeit durch das **Signifikanzniveau** α beschränkt.
Man unterscheidet links- und rechtsseitige Signifikanztests, je nachdem, ob die Vermutung H_0: $p \geq p_0$ oder H_0: $p \leq p_0$ lautet.

Vorgehensweise
Schritt 1: Zufallsgröße und Nullhypothese festlegen
Schritt 2: Übersichtstabelle aufstellen
Schritt 3: Je nach Aufgabentyp kritischen Wert berechnen und Entscheidungsregel angeben oder Irrtumswahrscheinlichkeit berechnen

Linksseitiger Signifikanztest

Aufgabentyp 1
Gegeben: H_0: $p \geq p_0$
          n (Stichprobenlänge)
          k (kritischer Wert bzw.
              Entscheidungsregel)
Gesucht: Irrtumswahrscheinlichkeit

	gegen H_0	für H_0
	0; …; k	k+1; …; n
H_0: $p \geq p_0$	(?)	

$P_{p_0}^n (X \leq k)$ berechnen

Aufgabentyp 2
Gegeben: H_0: $p \geq p_0$
          n (Stichprobenlänge)
          α (Signifikanzniveau)
Gesucht: kritischer Wert bzw.
           Entscheidungsregel

	gegen H_0	für H_0
	0; …; k	k+1; …; n
H_0: $p \geq p_0$	($\leq \alpha$)	

k ermitteln aus der Bedingung
$P_{p_0}^n (X \leq k) \leq \alpha$

Rechtsseitiger Signifikanztest

Aufgabentyp 1

Gegeben: H_0: $p \leq p_0$
   n (Stichprobenlänge)
   k (kritischer Wert bzw.
      Entscheidungsregel)
Gesucht: Irrtumswahrscheinlichkeit

	für H_0 0; ...; k	gegen H_0 k+1; ...; n
H_0: $p \leq p_0$		?

$P_{p_0}^n(X \geq k+1) = 1 - P_{p_0}^n(X \leq k)$
berechnen

Aufgabentyp 2

Gegeben: H_0: $p \leq p_0$
   n (Stichprobenlänge)
   α (Signifikanzniveau)
Gesucht: kritischer Wert bzw.
      Entscheidungsregel

	für H_0 0; ...; k	gegen H_0 k+1; ...; n
H_0: $p \leq p_0$		$\leq \alpha$

k ermitteln aus der Bedingung
$P_{p_0}^n(X \geq k+1) \leq \alpha$
$\Leftrightarrow\ 1 - P_{p_0}^n(X \leq k) \leq \alpha$
$\Leftrightarrow\ P_{p_0}^n(X \leq k) \geq 1 - \alpha$

Der Hersteller eines Beruhigungsmittels behauptet, dass sein Mittel in mindestens 90 % der Fälle erfolgreich wirkt. Dazu werden 100 Benutzer des Mittels befragt. Die Nullhypothese „in mindestens 90 % der Fälle wirkt das Mittel" wird auf dem Signifikanzniveau $\alpha = 5$ % getestet. Bestimmen Sie die zugehörige Entscheidungsregel.

Schritt 1:
X: Anzahl der Benutzer, bei denen das Mittel wirkt; B(100, p)-verteilt
H_0: $p \geq 0{,}9$ (in mindestens 90 % der Fälle) $\alpha = 0{,}05$

Schritt 2: Übersichtstabelle:

	gegen H_0 0; ...; k	für H_0 k+1; ...; 100	Benutzer, bei denen das Mittel wirkt
H_0: $p \geq 0{,}9$	$\leq 0{,}05$		

Schritt 3: Berechnen von k:
$P_{0{,}9}^{100}(X \leq k) \leq 0{,}05 \ \Rightarrow\ k = 84$ (Tafelwerk: kumulative Tabelle)
$\Rightarrow$ Ablehnungsbereich: $\{0; ...; 84\}$ Annahmebereich: $\{85; ...; 100\}$

Entscheidungsregel: Geben höchstens 84 Benutzer bei der Befragung an, dass das Mittel bei ihnen wirkt, wird die Nullhypothese abgelehnt.

Stichwortverzeichnis

Analysis

Ableitung 17 ff.
Achsensymmetrie 7
Amplitude 3
Asymptoten
− schräge 12
− senkrechte 9
− waagrechte 10 ff.

bestimmtes Integral 32 ff.
Betragsfunktion 2

Definitionslücke 8
Differenzialquotient 17

Exponentialfunktion 14
exponentieller Zerfall 16
exponentielles Wachstum 16
Extrempunkt 20 ff.
Extremwertaufgabe 26 f.

Flächenbilanz 32
Flächeninhalt
− zw. Graph und x-Achse 33
− zw. zwei Graphen 34

ganzrationale Funktion 1
gebrochen-rationale Funktion 8 ff.
Grenzwerte 9 ff., 14

Hauptsatz der Differenzial-
  und Integralrechnung 36
Hochpunkt 20 ff.

Integralfunktion 36
Integrationsregeln 31

Kettenregel 18
Kosinusfunktion 3

Krümmungsverhalten 23 f.
Kurvendiskussion 20 ff.

Logarithmusfunktion 14

Maximum, Minimum 20 ff.
Monotonieverhalten 20 f.

Newton-Verfahren 19
Nullstellen 1, 3, 6, 8, 14, 19

Periode 3
Polstelle 8 f.
Polynomfunktion 1
Produktregel 18
Punktsymmetrie 7

Quotientenregel 18

Sinusfunktion 3
Spiegelung 5
Stammfunktion 30 ff.
Stauchung 5
Streckung 5
Symmetrie 7

Tangentensteigung 17
Terrassenpunkt 20 ff.
Tiefpunkt 20 ff.

Umkehrfunktion 14, 28 f.
unbestimmtes Integral 31

Verhalten im Unendlichen 10 ff.
Verschiebung 3, 4
Vielfachheit 6, 8

Wendepunkt 23 ff.
Wurzelfunktion 2

Geometrie

Abstand
- paralleler Geraden 55
- von Ebene zu Ebene 53
- von Gerade zu Ebene 53
- von Punkt zu Ebene 53
- von Punkt zu Gerade 54
- windschiefer Geraden 56

Betrag eines Vektors 40

Ebene
- Normalenform 45, 46 f.
- Parameterform 44, 46 f.

Flächeninhalt 41

Gerade 42 f.

Kugelgleichung 57 ff.

Lage
- im Koordinatensystem 43, 45
- von Gerade zu Ebene 49
- zweier Ebenen 50
- zweier Geraden 48

Länge eines Vektors 40
lineare (Un-)Abhängigkeit 39

Mittelpunkt einer Strecke 39

Normalenvektor 45

Orthogonalität 40, 41, 45

Parallelität 39, 48 ff., 53, 55

Schnittwinkel 52
skalare Multiplikation 38
Skalarprodukt 40

Vektoraddition 38
Vektorprodukt 40 f.
Volumen 41

windschief 48, 56
Winkel zwischen Vektoren 40

Stochastik

Additionssatz 62

Baumdiagramm 64, 66
bedingte Wahrscheinlichkeit 66
Bernoulli-Experiment 74
Binomialkoeffizient 68
Binomialverteilung 74 f.

Ereignis 60 f.
Ergebnisraum 60
Erwartungswert 72, 74

Fehler 1. und 2. Art 77

Laplace-Experiment 63

Nullhypothese 77

Pfadregeln 64

Signifikanztest 77 f.
Standardabweichung 72, 74
stochastisch (un-)abhängig 66 f.

Urnenmodelle 68 ff.

Varianz 72, 74
Verknüpfen von Ereignissen 60 f.
Vierfeldertafel 65, 67

Wahrscheinlichkeitsverteilung 71

Ziehen mit Zurücklegen 70
Ziehen ohne Zurücklegen 69
Zufallsgröße 71 ff.